Fiestas dulces

PATRICIA ARRIBÁLZAGA

A mi amados Miranda, Martin y Sandra y a todos mis lectores y seguidores que me brindan más cariño del que jamás pude imaginar.

Textos y diseños: **Patricia Arribálzaga**
Estilismo y dirección artística: **Patricia Arribálzaga**
Fotos: Martin Arribálzaga – ©Copyright de todas las fotos: **Martin Arribálzaga**
Diseño gráfico: **Montse Barcons**

© De esta edición: Lectura Colaborativa SRL, 2015

Boutique de Ideas
Gral. Urquiza 2037, Ciudad de Buenos Aires. Tel: (+5411) 5078-9732.

Arribálzaga, Patricia
   Fiestas dulces. - 1a ed. - Ciudad Autónoma de Buenos Aires : Boutique de Ideas, 2015.
   192 p. ; 20x26 cm.

   ISBN 978-987-45787-3-0

   1. Gastronomía. Repostería. I. Título
   CDD 641.8

Fecha de catalogación: 2/7/2015

IMPRESO EN CHINA

editorial@lecturacolaborativa.com

www.boutiquedeideas.net

Sumario

Introducción

Organizar una fiesta es una de mis aficiones favoritas, porque me permite divertirme, ser creativa, y poder tomarme el tiempo de buscar inspiración para crear dulces y una decoración deliciosa. Pero lo que más me gusta de todo es que así puedo demostrar a mis invitados cuánto los quiero. Siempre he creído, y aunque suene frívolo no lo es, que una fiesta resume lo que debería significar la vida: amor y diversión.

En Fiestas dulces te propongo tartas y dulces para celebrar todo tipo de eventos, no solo fiestas tradicionales como las de Navidad o San Valentín, sino para cualquier ocasión en la que el dulce sea el protagonista infaltable: puede ser una reunión de amigas, un cumpleaños o simplemente ese momento en que el dulce se convierte en un postre elegante o en un aliado que nos puede alegrar. ¿O acaso no queremos comer chocolate cuando estamos un poco tristes?

En este libro encontrarás sabores deliciosos e innovadores, que son la clave para una fiesta inolvidable, mucha inspiración, recetas y decoraciones espectaculares y fáciles de hacer, explicadas paso a paso, que te harán triunfar con tus invitados.

Te invito a que disfrutes preparando tartas y postres deliciosos y a que te inspires para crear tu propia fiesta original y divertida, llena de toques personales, para que esa celebración se convierta en uno de esos tesoros que forman parte de los recuerdos más dulces de tu familia y amigos.

Patricia

Agradecimientos

Infinitas gracias a mi familia por su enorme y constante apoyo, sin ellos este libro no sería posible. A mí amada hija Miranda que es el sol que ilumina mi vida con su inmenso amor, increíble bondad y con el mejor don con el que para mí puede estar dotada una persona, que es el don de la alegría. A mí querido esposo Martín por su amor, por trabajar a mi lado en nuestra empresa, por alentarme, por alegrarme con su genial sentido del humor y también por las maravillosas fotos que ilustran el libro. Gracias de todo corazón a mi hermana Sandra, por su amor incondicional y por estar siempre presente apoyándome.

Un agradecimiento muy especial a la editorial Boutique de Ideas por darme la posibilidad de editar este libro en Argentina, mi querido país natal.

Un gran agradecimiento a Montse Barcons por el fantástico diseño gráfico, por su profesionalismo y dedicación, por su calidez y por lograr que el diseño de este libro haga lucir tanto a mis dulces.

Un gran agradecimiento a mi equipo de colaboradores de Cakes Haute Couture que me acompañan día a día con tanta dedicación. Gracias de todo corazón.

Y un enorme, pero enorme, enorme agradecimiento y todo mi cariño a mis lectores, a mis seguidores y alumnos por las continuas muestras de afecto que recibo, que nunca dejan de emocionarme y de sorprenderme y son más de las que jamás pude imaginar.

Acerca de la autora

Patricia Arribálzaga es una experta repostera reconocida como una de las mejores cake designers del mundo.

En el año 2002 establece en Sitges, Barcelona, su famoso atelier **Cakes Haute Couture,** la primera empresa y escuela de España dedicada a la pastelería de diseño donde se han formado alumnos de todo el mundo, también ha desarrollado cursos online donde traslada su experiencia al mundo digital. Su método de enseñanza la ha consagrado como una de las mejores maestras de sugarcraft a nivel internacional.

La autora de forma pionera revolucionó el mundo de la pastelería creativa con sus exquisitos e innovadores sabores y por su filosofía a favor del uso de ingredientes naturales, que ha hecho que sus creaciones sean escogidas por los mejores organizadores de eventos, caterings, hoteles de lujo y producciones editoriales.

Cuenta con dos libros publicados, Cupcakes, Cookies & Macarons de Alta Costura , que se ha convertido en un referente internacional de la repostería moderna y Pasteles de Alta Costura que ganó el premio al "Mejor Libro de Pastelería de España 2014" de la Gourmand World Cookbook Awards.

Sus inigualables creaciones han aparecido en los medios de comunicación internacionales más prestigiosos, como Vogue Italia; Eventlux y House & Home de Canadá; The Cuisine Magazine de Japón; Caras y María de Portugal; Style de Suiza; Vanidades, Luz y Quid de Argentina; Wedding Cakes, A design source; Cakes & Sugarcraft y Wedding Cakes & Sugar Flowers magazine de Reino Unido y en las revistas españolas: Hola, Vogue, Cosmopolitan, Glamour, GQ, Telva, Woman, Marie Claire,Time Out, Yo Dona, etc. así como también en la prensa digital y programas de televisión. En Estados Unidos su presencia tuvo repercusión en los programas televisivos CNN Notimujer y Despierta América, en las revistas Beautiful Bride y People en Español y el diario Miami Herald entre otros.

Entre sus afamados clientes se destacan: La empresa Mattel para quien realizó la tarta de la celebración del 50 aniversario de la muñeca Barbie en Barcelona. La joyería Tiffany & Co. en el homenaje a la película "Breakfast at Tiffany's" en su 50 Aniversario. El pastel nupcial de la famosa periodista de Estados Unidos Satcha Pretto. La empresa Tous para quien realizó la tarta del 25 Aniversario de la joya Oso Tous. La diseñadora de moda Maya Hansen, realizando para su boda pasteles inspirados en sus colecciones de corsets y vestidos. Para la escritora Tonya Hurley de New York diseñó cookies y cupcakes para celebrar el éxito de la trilogía de sus Best Sellers: Ghostgirl.

Visita a **Cakes Haute Couture** en:
www.cakeshautecouture.com

Bollywood
tarta de chocolate y ananá

Esta tarta está inspirada en el glamour de Bollywood, con vibrantes colores y bordados en oro de estilo indio.

TARTA DE CHOCOLATE

Ingredientes

(Para un molde de 22 cm)

300 g de mantequilla
240 g de azúcar
6 huevos, separados
180 g de chocolate negro (entre
52% y 60% de cacao), derretido
130 g de maicena, tamizada

Preparación

Batir la mantequilla a temperatura ambiente con la mitad (120 g) del azúcar, incorporar las 6 yemas sin dejar de batir. Agregar el chocolate derretido y mezclar.
En un recipiente aparte, batir ligeramente las 6 claras e incorporar los 120 g restantes de azúcar poco a poco, hasta conseguir un merengue.
Integrar el merengue a la mezcla de manteca, alternando con la maicena tamizada en tres tandas, terminando con el merengue. Es importante mezclar suavemente, para que no se apelmace la preparación. Hornear a 175° C por aproximadamente 1 hora y 10 minutos.

GANACHE DE CHOCOLATE CON LECHE Y ANANÁ (preparar el día anterior)

Ingredientes

600 g de chocolate con leche
100 ml de crema de leche (nata)
100 g de ananá, hecho puré

Preparación

Derretir el chocolate en microondas a temperatura mínima durante 3 o 4 minutos, o derretirlo al baño María. Calentar la crema (nata) de leche hasta que hierva, remover para enfriar un poco antes de incorporarla al chocolate. Batir el chocolate con la crema de leche (nata) hasta lograr una crema homogénea, agregar el ananá y continuar batiendo hasta que el chocolate este liso y brillante. Dejar el ganache a temperatura ambiente por 24 horas, se usará para cubrir la tarta. Luego, batir el ganache para montarlo y rellenar con él la tarta.

ANANÁ CARAMELIZADO

Ingredientes

4 cucharadas de ron
150 g de azúcar
300 g de ananá

Preparación

Poner el ron y el azúcar en una olla, remover y esperar a que hierva, cortar el ananá en pequeños trozos incorporarlos y remover, cuando comiencen a verse dorados retirar. Cortar la tarta en tres capas, rellenarla con la crema de chocolate y disponer encima el ananá caramelizado.

Bollywood
tarta de chocolate y ananá

PASO A PASO DE LA DECORACIÓN

Ingredientes

Fondant: se necesitan 400 g para el piso de 12 cm y 700 g para el piso de 18 cm)

Colorante alimentario en pasta: amarillo, rosa, fucsia y turquesa

Colorante alimentario en polvo dorado

Pasta de goma : 500 g aprox.

Pegamento comestible

Azúcar impalpable para espolvorear

Glasé real (ver página 186)

½ fórmula de glasé elástico para encaje de azúcar (ver página 189)

Piping gel o una jalea de frutas

Materiales

Cuchillo largo de sierra

Manga pastelera

Espátula scrap/ espátula recogedora

Plato giratorio para tartas

Pincel de silicona para pastelería

Pincel y pincel brocha

Alisador /fratacho de fondant

Hojas plásticas flexibles para alisar el fondant

5 Pilares plásticos (dowels)

2 bandejas finas de cartón de pastelería redondas de 18 y 12 cm

Rodillo

Esteca plástica de cuchillo

Bolillo grande

Tapete grueso de goma EVA (flower pad)

Cortador de peonía

Alambres de flores grueso Nº 18 y fino Nº 26

Cinta de floristería (floral tape)

Papel de aluminio

Tapete de silicona para encajes

PASO A PASO DE LA DECORACIÓN

Preparar las tartas cubriéndolas con ganache de chocolate semiamargo para perfeccionarlas. Véase el procedimiento en la sección Recetas y técnicas, página 178.

Teñir el fondant con el colorante en pasta rosa fuerte. Cubrir las tartas con fondant e insertar dentro de la tarta de 18 cm los pilares plásticos (dowels). Véase el procedimiento en la sección Recetas y técnicas, página 181.

Para hacer las flores, cortar un alambre Nº 18 de 10 cm de largo, doblarlo con un alicate y forrarlo con la cinta de floristería, de forma que la parte superior quede engrosada.

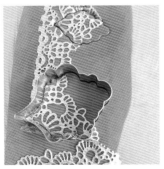

Con el colorante amarillo, teñir el glasé elástico. Para hacer el encaje, pincelar con aceite un tapete de silicona texturado, para que sea más fácil quitarlo. Extender el glasé elástico sobre el tapete, cubriéndolo por completo y quitando lo excedente con una espátula scrap (véase Recetas y técnicas, pág. 189). Dejar secar al aire durante 24 horas o en el horno a 100 ºC durante 10 minutos y luego retirar delicadamente el encaje del tapete. Disponer el encaje sobre papel de cocina, pincelarlo con mantequilla derretida y, con una brocha, aplicar el colorante en polvo dorado, quitando todo exceso de polvo con la misma brocha.

Engrasar con mantequilla la superficie de trabajo y estirar con rodillo pasta de goma fucsia de aproximadamente 2 mm de espesor, pincelar ligeramente con agua la pasta y adherir el encaje dorado.

Con el cortador de peonía, cortar 5 pétalos medianos, cubrirlos con una bolsa plástica para que no se sequen mientras no se usan. Tomar el primer pétalo cortado entre los dedos índice y pulgar e introducir en el centro un alambre fino Nº 26. Asegurarse de ajustar muy bien la pasta al alambre, para que cuando ésta se seque, el alambre no se desprenda del pétalo. Colocar el pétalo sobre el tapete de goma y, con un bolillo, afinar los bordes superiores (solo los bordes: no tocar el interior del pétalo).

PASO A PASO DE LA DECORACIÓN: FLORES

Poner a secar el pétalo en un formador de flores (véase como hacerlos en Recetas y técnicas, pág. 183). Dejarlo secar durante 24 horas en los climas secos y 48 horas en los climas húmedos. Hacer de la misma forma el resto de los pétalos.

Una vez que los pétalos estén secos, cortar 5 tiras de aproximadamente 10 cm de cinta de floristería . Poner la flor boca abajo y, con la cinta de floristería, empezar a pegar el primer pétalo al centro de la flor, empezando un par de centímetros por encima de la base donde está insertado el alambre e ir bajando la cinta en diagonal. Una vez que se ha llegado a la base del pétalo, dar tres vueltas de cinta para que quede inmóvil, presionando fuertemente cada vez, siempre sobre el alambre, nunca sobre el pétalo porque se rompería. De la misma forma, pegar el segundo pétalo pequeño al lado del primero. Repetir el procedimiento para los pétalos restantes.

Teñir pasta de goma de color turquesa y amasar una bola de 2 cm de diámetro y darle forma ovalada. Pincelar este óvalo con pegamento comestible y pegarlo en el centro de la flor. Pincelar el borde del óvalo con pegamento comestible y pegar perlas de azúcar doradas todo alrededor, haciendo un poco de presión. Luego pintar el centro del óvalo con piping gel o gel de brillo o con un poco de jalea derretida en el microondas, para que brille. Hacer las flores necesarias repitiendo este procedimiento.

Preparar encajes flexibles amarillos y pintarlos de dorado siguiendo el procedimiento de página 10 y adherirlos en los laterales de la tarta, pincelando con un poco de agua sobre el sitio en donde se van a pegar. Montar los pisos de las tartas pegándolas entre sí con glasé real.

Para hacer los cupcakes, usar la misma receta de la tarta, salen aproximadamente 12 cupcakes, hornearlos durante 20 minutos a 180º C y bañarlos con fondant líquido color turquesa (véase el procedimiento en Recetas y técnicas, pág. 185).

Tarta de boda
de coco, lima y fresas

Esta espectacular tarta de boda de estilo francés, adornada con distintas variedades de rosas de azúcar y detalles decorativos en oro, será la pieza central de la fiesta y deslumbrará a todos los invitados.

TARTA DE COCO

Ingredientes

Para esta tarta la cantidad de fórmulas de la receta que hay que usar es: para el molde de 26 cm: 1 ½ fórmulas, para el de 22 cm: 1 fórmula, para el de 15 cm: ¾ fórmula y para el de 10 cm: ½ de fórmula

160 g de harina

120 g de maicena

3 cucharaditas de polvo de hornear (levadura)

50 g de coco rallado

¼ de cucharadita de sal

240 g de azúcar

8 claras

½ cucharadita de cremor tártaro

1 cucharadita de esencia de coco

Preparación

Tamizar juntos 3 veces la harina, la maicena, el polvo de hornear (levadura) y la sal, mezclar con el coco rallado.

Aparte, batir las claras hasta que espumen y agregar el cremor tártaro, incorporar el azúcar poco a poco y batir hasta llegar a un punto de merengue firme pero no excesivamente duro. Agregar la esencia de coco. Incorporar con movimientos suaves y envolventes la harina, la maicena, el polvo de hornear (levadura), la sal y el coco rallado en varias tandas.

Untar el molde con mantequilla y enharinarlo, verter la mezcla y hornear a 180 ° C durante 40 minutos aproximadamente.

ALMÍBAR DE LIMA

Ingredientes

200 g de azúcar

150 g de jugo/zumo de lima, exprimido y colado

50 g de agua

Preparación

Poner en una olla el azúcar, cubrirla con el zumo de lima y el agua, llevar a ebullición. Apenas empiece a hervir, retirar del fuego. Conservar el almíbar en la nevera en un recipiente cerrado hasta el momento de bañar la tarta.

Tarta de boda
de coco, lima y fresas

CREMA DE FRESAS

Ingredientes

600 g de fresas

450 ml de leche

60 g de maicena

300 g de azúcar

2 sobres de gelatina en polvo sin sabor

80 g de jugo/zumo de lima exprimido y colado

Preparación

Con un mixer, hacer un puré con 300 g de las fresas y la leche. Separar 3 cucharadas de esta preparación y mezclarla, en un bol pequeño, con la maicena hasta disolver todos los grumos. Colocar en una olla la mezcla de maicena, el batido de fresas y el azúcar. Cocinar a fuego máximo hasta que hierva, removiendo permanentemente para que no se pegue, bajar el fuego al mínimo y hacer hervir durante 3 minutos más sin dejar de remover. Retirar del fuego e incorporar la gelatina, previamente hidratada en zumo de lima. Mezclar hasta que se integre. Incorporar los 300 g restantes de fresas cortadas en trozos muy pequeños. Dejar enfriar un mínimo de 6 horas en la nevera, luego batir con batidora eléctrica antes de usar para rellenar la tarta.

PASO A PASO DE LA DECORACIÓN

Ingredientes

Fondant: Aprox. 1,300 g para la tarta de 26 cm, 900 g para la de 22 cm, 600 g para la de 15 cm y 300 g para la de 10 cm.

Pasta de goma de tres tonos de color rosa (oscuro, mediano y claro): 600 g aprox.

Pasta de goma de tres tonos de color rosa empolvado/ rosa viejo (oscuro, mediano y claro): 200 g aprox.

Pasta de goma color verde eucalipto: 100 g aprox.

Pasta de goma color verde seco claro: 40 g aprox

Pasta de goma color amarillo huevo: 80 g aprox.

Colorante alimentario en polvo dorado, rosa oscuro y rosa empolvado/ rosa viejo.

Una bebida alcohólica blanca (ej. vodka, ginebra)

Pegamento comestible.

Azúcar glasé para espolvorear.

Glasé real de punto duro (véase la sección Recetas y técnicas, pág. 186)

Materiales

Cuchillo largo de sierra

Manga pastelera

Espátula scrap/ espátula recogedora

Bandeja giratoria para pasteles

Alisador/fratacho de fondant

Hojas plásticas flexibles para alisar el fondant

11 Pilares plásticos (dowels)

Bandeja de cartón rígido o madera de 30 cm de diámetro

4 bandejas de cartón de pastelería redondas de: 26 cm, 22 cm, 15 cm y 10 cm

Pincel de silicona para pastelería

Rodillo

Esteca plástica de cuchillo

Bolillo

Palito de brocheta

Tapete grueso de goma EVA (flower pad)

3 cortadores de pétalo de rosa: grande, mediano y pequeño

Texturizador de pétalos

Cortador de cáliz de rosa

Cortador de hoja de rosa

Texturizador de hoja de rosa

Alambres para flores blanco grueso Nº 18

Alambres para flores blanco fino Nº 26

Estambres blancos

Huevera de plástico

Formador de flores (ver página 183)

Cinta de floristería (floral tape)

Texturizador de silicona de joya

Texturizador de silicona de botón

Plantillas de esténcil

Espátula

Tijeras

Pinceles

Cinta de raso color blanco roto/ blanco marfil

PASO A PASO DE LA DECORACIÓN

Preparar los pasteles, bañarlos con el almíbar y rellenarlos, cubrirlos con ganache de chocolate blanco para perfeccionarlos, forrarlos con fondant e insertar los pilares dentro de los pasteles: harán falta 5 pilares plásticos para la tarta de 26 cm; también 5 para la tarta de 22 cm; y 3 pilares para la tarta de 15 cm, dispuestos en triángulo en el centro. Pegar en la base de cada tarta las cintas de raso con un puntito de glasé en la punta. Forrar la bandeja rígida con fondant blanco (véase el procedimiento en la sección Recetas y técnicas, pág. 180).

Para hacer el diseño con el esténcil del piso inferior, pegar la plantilla con cinta adhesiva al pastel y con la espátula scrap cubrir toda la superficie con una capa delgada y uniforme de glasé real de punto duro (véase la sección Recetas y técnicas, pág. 186). Despegar el esténcil de un lado y retirarlo con cuidado. Si alguna línea quedase tapada de glasé, quitar el excedente con un palillo. Cuando el glasé esté seco, repetir la misma operación del otro lado del pastel, colocando el esténcil de modo que coincida el diseño. Para hacer el diseño con el esténcil del piso superior, proceder de la misma forma colocándolo en el centro de la tarta en su parte frontal.

Una vez que el glasé esté completamente seco (tarda un par de horas en secar) mezclar el colorante en polvo dorado con la bebida alcohólica (ej. vodka, ginebra) y, con un pincel fino, pintar de dorado el diseño.

Para hacer el moño, sobre una superficie ligeramente engrasada con mantequilla estirar con rodillo pasta de goma color verde eucalipto de 2 mm de grosor. Cortar un rectángulo de 15 cm de largo por 6 cm de ancho, doblar hacia dentro los extremos superior e inferior como se ve en la foto, luego doblar hacia el centro los extremos izquierdo y derecho haciéndolos coincidir. Doblar uno de esos extremos por la mitad hacia abajo y hacia arriba los dos extremos externos, para formar el pliegue del lazo. Hacer lo mismo con el otro lado y unirlos en el centro. Pincelar la parte interna con pegamento comestible y plegar la pasta, como se ve en la foto, hasta formar el moño. Cortar una tira de 3 cm de largo por 3 cm de ancho, plegarla en dos y rodear el centro del moño, pegándola con pegamento comestible.

Estirar pasta verde eucalipto de 2 mm de espesor y cortar 6 tiras de ½ cm de ancho y 8 cm de largo. Pegarlas a la tarta una en el centro y las otras dos en diagonal en la parte superior de la tarta y otras tres de la misma forma en la parte inferior de la tarta como se ve en la foto. Pegar con pegamento comestible el moño en el centro.

Hacer los botones que decoran la parte superior del penúltimo piso de la tarta, amasando una bolita de pasta de goma amarilla de 1 cm de diámetro e introducirla en el molde de botón presionando para que se marque, retirar y recortar. Mezclar el colorante dorado en polvo con la bebida alcohólica y pintarlo. Hacer 8 botones joyas y pegarlos con pegamento comestible a la tarta.

Para hacer las joyas que van pegadas en el lateral de la tarta, amasar una bolita de pasta de goma verde eucalipto de 2 cm de diámetro e introducirla en el molde de joya presionando para que se marque, retirar y recortar. Mezclar el colorante dorado en polvo con la bebida alcohólica y pintarla dejando sin pintar la piedra central. Hacer 6 joyas y pegarlas con pegamento comestible a la tarta.

PASO A PASO DE LA DECORACIÓN

Rosa Inglesa

Para hacer la rosa inglesa que decora la parte frontal del bouquet, comenzar haciendo el centro. Tomar los estambres blancos e insertar en el centro un alambre Nº 18, pegarlos al alambre con cinta de flores, apretando muy bien, como se ve en la foto.

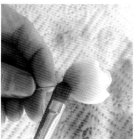

En una superficie ligeramente engrasada con mantequilla estirar con el rodillo pasta de goma rosa empolvado/ rosa viejo tono oscuro hasta aproximadamente 2 mm de espesor y cortar 4 pétalos con el cortador de pétalo de rosa pequeño. Introducir en el centro del pétalo un alambre fino de flores Nº 26 hasta 2 cm dentro, pellizcando bien en la entrada del alambre para asegurarlo, afinar los bordes con un bolillo. Marcar las nervaduras presionando con un texturizador de pétalos y darle forma curvada hacia fuera con los dedos. Dejarlos secar dentro de la huevera de plástico durante 24 horas.

Estirar pasta de goma color rosa empolvado/ rosa viejo tono medio y cortar 5 pétalos con el cortador de pétalo de rosa tamaño mediano. Alambrar, afinar y marcar los pétalos. Dejarlos secar sobre un formador de pétalos (véase como hacerlos en la sección Recetas y técnicas, página 182).

Estirar pasta de goma color rosa empolvado/ rosa viejo tono claro y cortar 8 pétalos con el cortador de pétalo de rosa grande. Alambrar, afinar y marcar los pétalos. Dejarlos secar sobre un formador de pétalos.

Cuando los pétalos alambrados estén secos darles color, tomando un poco de colorante en polvo rosa empolvado/ rosa viejo con un pincel y quitando el excedente de polvo en un papel de cocina, pintar la base de cada pétalo difuminando suavemente hasta la mitad del pétalo.

Para armar la primera vuelta de pétalos de la rosa, cortar 4 piezas de aproximadamente 10 cm de cinta de floristería. Doblar hacia abajo el alambre del primer pétalo, poner la flor boca abajo y con la cinta comenzar a cubrir el alambre para pegar el pétalo al centro de la rosa. Empezar a pegar un par de centímetros por encima de la base donde está insertado el alambre e ir bajando la cinta en forma diagonal, casi paralela al alambre. Una vez que se ha llegado a la base del pétalo, dar tres vueltas de cinta presionando fuertemente cada vez sobre el alambre, nunca sobre el pétalo porque se rompería.

Para que los pétalos no se muevan, no se tiene que ver nada de alambre, éste tiene que quedar completamente cubierto por la cinta. Repetir el procedimiento para pegar el segundo pétalo junto al que acabamos de terminar y así hasta completar los 4 pétalos.

Para pegar la siguiente vuelta de 5 pétalos, repetir el procedimiento anterior. Es importante que la base de cada uno de estos pétalos se apoye en la fila de pétalos anterior, para evitar que se muevan. Pegar el primer pétalo en la intersección de dos pétalos de la fila anterior y continuar con los siguientes, disponiéndolos uno al lado de otro.

Para pegar la última fila de pétalos, proceder de la misma forma, siempre comenzando a colocar el primero en la intersección de dos pétalos de la fila anterior, y en este caso pegarlos levemente superpuestos.

Rosa trepadora

Para hacer las rosas trepadoras que decoran el lateral de la tarta y el bouquet superior, comenzar haciendo el centro con los estambres blancos con el mismo procedimiento que se usó para hacer la rosa inglesa.

Estirar pasta de goma color rosa tono medio y cortar 9 pétalos con el cortador de pétalo de rosa tamaño mediano. Alambrar, afinar y marcar los pétalos con el texturizador de la misma forma en que se hizo con la rosa inglesa. Dejarlos secar sobre un formador de pétalos, en forma inversa a como se dejaron secar los pétalos de la rosa inglesa, o sea: los pétalos se colocarán curvados hacia fuera.

Cuando los pétalos alambrados estén secos darles color, tomando un poco de colorante en polvo rosa oscuro con un pincel y quitando el excedente de polvo en un papel de cocina. Pintar la base de cada pétalo difuminando suavemente hasta la mitad del pétalo.
Para pegar los pétalos al centro con los estambres, repetir el procedimiento de la rosa inglesa, en este caso pegando primero 4 pétalos y luego otra fila de 5 pétalos. Hacer 2 rosas trepadoras.

Rosa clásica

Para modelar las rosas clásicas, comenzar haciendo el centro con un cono de pasta de goma e insertarle un alambre grueso Nº 18 de 6 cm de largo pincelado con un poco de pegamento comestible, dejarlo secar 48 horas. Teñir la pasta de goma en tres tonos de rosa, de más oscuro a más claro.

Sobre una superficie ligeramente engrasada con mantequilla estirar la pasta de goma color rosa oscuro hasta aproximadamente 2 mm de espesor.

Con el cortador de pétalo de rosa tamaño pequeño, cortar 4 pétalos. Sobre el tapete de goma afinar con un bolillo los bordes de cada pétalo.

Pincelar con pegamento comestible el centro de la rosa y pegar el primer pétalo para que asome del centro un centímetro a lo alto y cerrarlo. Pegar el segundo pétalo unos milímetros más arriba, como se ve en la foto y cerrarlo. Pincelar la base del tercer pétalo con pegamento comestible e insertarlo dentro del anterior, ajustar bien los pétalos al centro y, con la ayuda del palito de brocheta, curvar el lateral del pétalo hacia fuera, tal como se ve en la foto.

Pincelar la base del cuarto pétalo con pegamento e insertarlo dentro del anterior. Con la ayuda del palito de brocheta curvar el lateral del pétalo hacia fuera y cerrar el centro.

Con el cortador tamaño mediano y la pasta de goma rosa tono medio, cortar 5 pétalos. Afinar el borde de cada pétalo con el bolillo y, con el palito de brocheta, curvar ambos lados de la parte superior para darle forma, como se ve en la foto.

Pincelar con pegamento la base del primer pétalo mediano y pegarlo en la intersección de dos pétalos siguiendo la misma altura de la fila anterior. Pegar el segundo pétalo insertándolo dentro del pétalo anterior, como se ve en la foto. Colocar de la misma forma el resto de los pétalos.

PASO A PASO DE LA DECORACIÓN

Rosa clásica (continuación)

Con el cortador tamaño grande y la pasta de goma rosa claro cortar 6 pétalos, afinar el borde de cada uno con el bolillo y con el palito de brocheta curvar ambos lados de la parte superior del pétalo para darle forma. Pegar el primer pétalo en la intersección de dos pétalos a la misma altura de la fila anterior. Colocar el segundo pétalo por fuera levemente superpuesto al anterior. Pegar el resto de los pétalos de la misma forma.

Colocar la rosa en un formador de pétalos (véase como hacerlos en la sección Recetas y técnicas) una vez colocados los pétalos estos quedarán algo aplastados. Para que la flor luzca natural, colocar entre cada capa de pétalos pequeños trozos de film plástico o de esponja para separarlos y que la rosa tome buena forma. Dejarla secar durante 24 horas y retirar luego los trozos de film o esponja.

Estirar pasta de goma verde claro hasta aproximadamente 2 mm de espesor y cortar una pieza con el cortador de cáliz de rosa, afinarlo con el bolillo sobre el tapete de goma. Pincelar el cáliz con pegamento y pegarlo a la rosa atravesando el alambre, como se ve en la foto.

Hacer 5 rosas grandes y 7 pimpollos de la misma forma, colocando solamente las dos primeras filas de pétalos.

Para colocar las rosas en el piso superior del pastel y que quede un bouquet con volumen hacer una bola con pasta de goma blanca de 4 cm menos que el diámetro del pastel, dejarla secar un par de horas y luego pegarla con glasé real.

Clavar las rosas sobre la bola, comenzando por la parte inferior de la misma hasta cubrirla completamente, alternando rosas grandes con pimpollos. En el lateral del pastel clavar una rosa trepadora y una rosa clásica y en la base colocar un grupo de rosas clásicas.

Hay que tener en cuenta que para que el bouquet quede tupido hay que hacer flores de distintos tamaños. De esa forma no quedarán huecos entre unas y otras.

Tarta azucarada
de frambuesas y rosas

Esta tarta de frambuesas rellena de confitura de rosas y frambuesas confitadas cubierta de crema de frambuesas azucarada es, tanto por su sabor como por su diseño, definitivamente solo para chicas. Puedes hacerla para tu mamá en su día, para una amiga en su cumpleaños o para sorprender a tus amigas con un tea party.

TARTA DE FRAMBUESAS

Ingredientes

(para un molde de 22 cm.)
250 g de mantequilla
250 g de azúcar
4 huevos
240 g de harina
1 cucharadita de polvo de hornear (levadura)
230 g de frambuesas

Preparación

Batir la mantequilla a temperatura ambiente con el azúcar hasta que la mezcla esté cremosa y muy clara, agregar los huevos batiendo hasta que estén totalmente integrados. Tamizar la harina junto con el polvo de hornear (levadura) e incorporarla en tres tandas mezclando con una espátula.

Agregar las frambuesas enteras y mezclar. Untar el molde con mantequilla y enharinarlo, hornear a 170 ºC durante aproximadamente 1 hora, hasta que al pinchar con un palito en el centro éste salga seco.

FRAMBUESAS CONFITADAS

Ingredientes

50 g de azúcar
50 g de agua
300 g de frambuesas

Preparación

Colocar en una olla el azúcar y el agua. Llevar a ebullición y agregar las frambuesas. Para mezclarlas con el almíbar, mover la olla y no revolver, porque se rompería la fruta. Esperar a que vuelva a hervir, y dejarlas 2 minutos más al fuego. Retirar y colar el almíbar que se usará para bañar el pastel. Reservar las frambuesas. Conservar todo en la nevera hasta el momento de usar.

Tarta azucarada
de frambuesas y rosas

CONFITURA DE PÉTALOS DE ROSA

Ingredientes

280 g de pétalos de rosas rojas (ecológicas o no tratadas químicamente)

Jugo/zumo de 3 limones colados

2 cucharadas de agua mineral

280 g de azúcar

2 cucharadas de agua de rosas

Preparación

Es muy importante que las rosas sean ecológicas o no estén tratadas químicamente, las de las florerías no se pueden usar porque están rociadas con pesticidas y son tóxicas.

Deshojar las rosas, quitando la parte clara de la base de cada pétalo. Lavar los pétalos con agua fría. En un bol poner los pétalos y cubrirlos con el zumo de limón y el agua mineral, dejar reposar dentro de la nevera en un bol cerrado entre 7 y 24 horas.

En una olla colocar las rosas con el agua y el zumo de limón, agregar el azúcar y el agua de rosas. Cocinar durante 30 minutos a fuego bajo, removiendo muy frecuentemente, retirar del fuego y dejar que tome temperatura ambiente, utilizar cuando esté fría. También se puede conservar en frascos cerrados durante varias semanas.

Tarta azucarada
de frambuesas y rosas

CREMA SUIZA DE FRAMBUESAS

Ingredientes

280 g de clara de huevo pasteurizada

550 g de azúcar

1 cucharadita de cremor tártaro

550 g de mantequilla, cortada en cubos

70 g de puré de frambuesas colado, sin semillas concentrado

Preparación

La razón de concentrar el puré de frambuesas es que la crema tenga un sabor más intenso a fruta. Para concentrarlo, usar el triple de lo que pide la receta: en este caso, usar 210 g de frambuesas, ponerlas en una olla y cuando comience a hervir, bajar el fuego al mínimo y dejar hervir durante 10 minutos, removiendo de vez en cuando. Tres minutos antes de sacar el puré del fuego incorporar 30 g de azúcar y mezclar bien. Llevar a la nevera el puré y usarlo frío para hacer la crema.

Mezclar las claras de huevo y el azúcar, poner el bol al baño María mezclando constantemente hasta que los cristales del azúcar se disuelvan. Dejar enfriar y luego poner esta mezcla junto con el cremor tártaro en la batidora durante 25 minutos, batiendo a potencia máxima hasta que el merengue esté muy duro. Cambiar las varillas de la batidora por la pala (Ka) y agregar la mantequilla de a un cubo por vez, mezclando a velocidad mínima.

Incorporar luego el puré de frambuesas poco a poco, nunca de golpe y mezclar hasta que quede todo integrado. Recién hecha la crema no tendrá la consistencia perfecta, sino que estará un poco blanda. Dejarla reposar a temperatura ambiente de no más de 24° C varias horas o de un día para el otro. Antes de usar volver a mezclar con la pala de la batidora (nunca con las varillas porque se cortaría) a velocidad media.

Tarta azucarada
de frambuesas y rosas

MONTAJE DE LA TARTA

Materiales e ingredientes

Cuchillo largo de sierra

1 bandeja fina de cartón de pastelería de 22 cm

1 bandeja redonda más grande que la tarta

1 plato giratorio para tartas

1 espátula

1 espátula scrap

Azúcar sprinkle color rosa

Preparación

Cortar la tarta en 3 capas, bañarlas con el almíbar de las frambuesas, untar cada capa con la confitura de pétalos de rosa y cubrir con las frambuesas confitadas.

Pegar con un poco de confitura la tarta a la bandeja de cartón de su mismo tamaño y colocarla en la bandeja grande sobre el plato giratorio.

Con una espátula, cubrir generosamente la tarta con la crema suiza de frambuesas. Con la espátula scrap/recogedora, alisar la parte superior, retirando el excedente de crema. Luego, colocar la espátula scrap apoyada sobre la bandeja a 45º de la tarta y hacer girar la bandeja; de esta manera alisaremos la superficie y quitaremos el excedente de crema. El frosting todavía no quedará perfecto, hay que llevar la tarta a la nevera por unos 30 minutos para que endurezca un poco la primera capa antes de darle la segunda capa en la que quedará perfecta. Dar la segunda capa de crema repitiendo el procedimiento anteiror.

Una vez completado el frosting, echar el azúcar sprinkle rosa sobre toda la superficie de la tarta, asegurándose de que no quedan espacios sin azúcar.

Tarta azucarada
de frambuesas y rosas

CUPCAKES DE ALMENDRAS, ROSA Y FRAMBUESAS

Ingredientes

150 g de azúcar

3 huevos, separados

50 g de mantequilla, derretida

2 cucharadas de agua de rosas

50 g de harina

1 cucharada de polvo de hornear
(levadura)

1 pizca de sal

180 g de almendras, finamente
molidas
12 frambuesas

Preparación

Batir el azúcar con las yemas hasta que blanquee, incorporar la mantequilla derretida y el agua de rosas y batir. Mezclar la harina, el polvo de hornear (levadura) y la sal y tamizarlas, luego añadir las almendras molidas. Batir las claras a punto de nieve. Integrar las dos primeras preparaciones en varias adiciones, alternando con las claras batidas a punto de nieve, mezclando suavemente con una espátula en cada adición y terminando con las claras batidas.

Verter la mezcla en las cápsulas de cupcakes/pirotines hasta la mitad, disponer en el centro una frambuesa y cubrir con masa hasta llenar ¾ partes del molde. Hornear a 180 ºC por aproximadamente 25 minutos.

Para hacer el frosting de los cupcakes, poner la crema suiza de frambuesas en una manga pastelera con una boquilla redonda grande, disponer la manga de forma perpendicular al cupcake y presionar hasta formar una semiesfera con la crema. Luego rebozar la cobertura del cupcake pasándolo por un bol con azúcar sprinkle rosa, como se muestra en la foto de página siguiente.

PASO A PASO DE LA DECORACIÓN

Materiales
Rodillo
Cortador de pétalo de rosa pequeño, mediano y grande
Cortador de flor pequeño
Bolillo
Esteca cuchillo
Tapete de goma EVA (flower pad)
Alambre de flores color blanco grueso N° 18
Alambre de flores color blanco fino N° 26
Estambres de lirio blancos
Cinta de floristería (floral tape)
Pinceles
Huevera de plástico
Formador de pétalos
Texturizador de pétalo de rosa
Papel de aluminio
Manga pastelera
Adaptador plástico de boquilla
Boquilla redonda N° 2

Ingredientes
150 g aprox. de pasta de goma rosa empolvado / viejo en dos tonos: claro y oscuro
Colorante en polvo alimentario rosa empolvado/ rosa viejo
Colorante en polvo alimentario rosa oscuro
Pegamento comestible

Para hacer las florcitas que decoran el lateral de la tarta y los cupcakes, estirar con un rodillo sobre una superficie ligeramente engrasada con mantequilla pasta de goma rosa empolvado/ rosa viejo claro de aproximadamente 2 mm de espesor.

Con el cortador de flor pequeño cortar las piezas necesarias. Para decorar la tarta se necesitan aproximadamente 60 florcitas y 2 por cada cupcake. Afinarlas un poco presionando en el centro de cada flor con el bolillo y ponerlas a secar dentro de la huevera de plástico.

Con el colorante en polvo rosa empolvado/ rosa viejo pintar el centro de cada flor, tomando una pequeña cantidad de polvo con un pincel y, luego de quitar todo el excedente en un papel de cocina, hacer un círculo en el centro de cada florcita. Con glasé real blanco en una manga con boquilla Nº 2, hacer un puntito en el centro de cada flor. Dejar secar un par de horas y pegar las flores con un punto de glasé real a la tarta y a los cupcakes.

Para modelar la rosa, comenzar haciendo el centro. Tomar los estambres de lirio e insertar en el centro un alambre Nº 18, pegarlos al alambre con cinta de flores, apretando muy bien, como se ve en las fotos.

En una superficie ligeramente engrasada con mantequilla estirar con rodillo pasta de goma rosa empolvado/ rosa viejo oscuro hasta 2 o 3 mm de espesor y cortar 4 pétalos con el cortador de pétalo de rosa pequeño.

Introducir en el centro de cada pétalo un alambre fino de flores Nº 26, hasta 2 cm dentro del pétalo, pellizcando bien en la entrada del alambre para asegurarlo. Afinar los bordes con un bolillo, texturizarlos presionando cada pétalo en un texturizador de pétalos y darles forma curvada hacia fuera con los dedos. Dejarlos secar en un formador de pétalos (véase como hacerlos en la sección Recetas y técnicas, pág. 183) durante 24 horas en climas secos y 48 horas en climas húmedos.

Estirar pasta de goma de la misma forma y cortar 5 pétalos con el cortador de pétalo de rosa mediano con la pasta de goma rosa claro, introducirle un alambre fino de flores Nº 26 hasta 2 cm dentro del pétalo, presionando bien en la entrada del alambre para asegurarlo, afinar los bordes con un bolillo y dar forma curvada a los pétalos. Dejarlos secar en un formador curvado entre 24 y 48 horas.

Para armar la primera vuelta de pétalos de la rosa, cortar 4 piezas de aproximadamente 10 cm de cinta de floristería. Doblar delicadamente hacia abajo el alambre del primer pétalo, poner la flor boca abajo y comenzar a cubrir con la cinta de floristería el alambre, para pegar el pétalo al centro de la rosa. La cinta de floristería da la impresión de no tener demasiado pegamento, pero lo tiene y de ambos lados; para que pegue bien es importante que en cada vuelta se haga mucha presión sobre el alambre para que quede totalmente adherida.

Empezar a pegar un par de centímetros por encima de la base donde está insertado el alambre e ir bajando la cinta, no de forma horizontal sino en diagonal, casi paralelo al alambre. Una vez que se ha llegado a la base del pétalo, dar tres vueltas de cinta para que quede inmóvil, presionando fuertemente cada vez, siempre sobre el alambre, nunca sobre el pétalo porque se rompería. Para que los pétalos no se muevan no se tiene que ver nada de alambre, éste tiene que quedar completamente cubierto por la cinta, sino el pétalo girará en torno al centro. De la misma forma, pegar el segundo pétalo al lado del que acabamos de terminar y así hasta completar los 4 pétalos.

Para pegar la siguiente vuelta de 5 pétalos proceder de la misma forma, es importante que la base de cada uno de estos pétalos toquen a la fila de pétalos anterior, de esta forma tendrán un punto de apoyo y no se moverán. Pegar el primer pétalo entre la intersección de dos pétalos de la fila anterior y luego los siguientes uno al lado de otro.

Para pegar la última fila de pétalos proceder de la misma forma que con los anteriores, siempre comenzando a colocar el primero en la intersección de dos pétalos de la fila anterior, y en este caso pegarlos, no uno al lado de otro, sino levemente superpuestos.

Una vez terminada la rosa clavarla en un lado de la tarta y asegurar la entrada del tallo, para eso amasar unas cuantas bolitas de pasta de goma y con pegamento comestible pegarlas alrededor del tallo para inmovilizar la flor.

Estirar pasta de goma rosa clara de la misma forma y cortar 8 pétalos con el cortador de pétalo de rosa grande, introducirle un alambre de flores Nº 26 hasta 2 cm dentro del pétalo, presionando bien en la entrada del alambre para asegurarlo, afinar los bordes con un bolillo y dar forma curvada a los pétalos. Dejarlos secar en un formador curvado entre 24 horas y 48 horas.

En cuanto los pétalos alambrados estén completamente secos darles color, tomando un poco de colorante en polvo rosa oscuro con un pincel y quitando el excedente de polvo en un papel de cocina, pintar la base de cada pétalo difuminando suavemente hasta la mitad del pétalo. Pintar todos los pétalos de la misma forma.

Sabayón
y frutos del bosque

Estas románticas minicakes en forma de corazón son el postre perfecto para enamorar en San Valentín.

BIZCOCHUELO DE ALMÍBAR

Ingredientes y materiales

260 g de azúcar
90 g de agua
6 huevos, separados
50 g de maicena
100 g de harina
1 cucharadita de polvo
de hornear (levadura)
Termómetro para caramelo

Preparación

Poner el azúcar y el agua en una olla, remover y esperar a que hierva. El almíbar debe llegar a los 120º C. Cuando el almíbar llegue a los 100º C comenzar a batir las claras a punto de nieve, cuando el termómetro marque 120º C retirar del fuego y verter el almíbar poco a poco sobre las claras mientras se bate a velocidad máxima. Batir durante 10 minutos hasta tener un merengue firme. Incorporar las yemas de huevo una a una y seguir batiendo. Mezclar la maicena con la harina y el polvo de hornear (levadura) y tamizar 3 veces. Incorporar la harina en 3 tandas mezclando muy suavemente con una espátula. Untar con mantequilla y enharinar 8 moldes de minicakes en forma de corazón y hornear durante 30 minutos, también se puede hornear el bizcochuelo en un molde rectangular y cortar los corazones con un cortante.

CREMA DE SABAYÓN

Ingredientes

4 hojas de gelatina
3 yemas
100 g de azúcar
180 ml de oporto
250 g de mascarpone

Preparación

Poner las hojas de gelatina a remojar en agua fría entre 15 y 30 minutos. En un bol de acero agregar las yemas, el azúcar y el oporto batir un poco y llevar al baño María, batiendo constantemente hasta llegar al punto letra (de modo que si se toma un poco de crema y se tira arriba de la crema no se funden rápidamente). Separar la mitad del sabayón y luego de escurrir muy bien las hojas de gelatina, mezclarlas hasta que se disuelvan completamente con el sabayón. Agregar la otra mitad e incorporar todo al mascarpone y mezclar. Llevar a la nevera por lo menos 6 horas antes de usar.

Sabayón
y frutos del bosque

ALMÍBAR DE OPORTO

Ingredientes

200 g de azúcar
100 g de agua
150 g de oporto

Preparación

Poner en una olla el azúcar, el agua y el oporto, mezclar y llevar a ebullición. Cuando rompa el hervor, retirar del fuego y conservar en un recipiente hermético en la nevera hasta el momento de humedecer el bizcochuelo.

ARMADO DE LAS MINITARTAS

Ingredientes

200 g de frambuesas
200 g de moras
Manga pastelera
Boquilla de hoja

Preparación

Humedecer las dos capas de las minicakes con el almíbar de oporto. Untar una capa con la crema de sabayón, disponer encima las frambuesas y las moras. Untar la otra capa de tarta con crema de cabayón y ubicarla encima de las bayas.

Transferir la crema de sabayón restante a una manga de pastelería con boquilla de hoja y colocar la manga pastelera a 45º, casi en el borde de la minicake. Presionar hasta formar la base de la hoja y estirar, soltando presión lentamente (si se estira demasiado rápido la hoja quedará muy fina). Hacer de esta forma todo el contorno y luego formar las filas internas, poniendo ya la manga más perpendicular.

Mini naked cakes
con pensamientos

Estas mini tartas de manzana tan frescas tanto en el sabor como en la decoración son ideales como postre en un cumpleaños femenino o para un tea party.

TARTA DE MANZANA

Ingredientes

Para 10 mini tartas de 7 cm de diámetro o para una tarta de 21 cm de diámetro

150 gr. de mantequilla

200 gr. de azúcar

2 huevos, separados

2 manzanas Granny Smith grandes, ralladas o hechas puré en una picadora

1 cucharadita de polvo de hornear (levadura)

260 gr. de harina

Jugo/zumo de medio limón

Preparación

Batir la mantequilla a temperatura ambiente con el azúcar hasta que esté cremosa, agregar 2 yemas de huevo. Agregar la manzana (rallada o hecha puré) y mezclar rápidamente para que no se oxide, incorporar el polvo de hornear (levadura) y la harina, tamizándola a medida que se va agregando y alternando con el zumo de limón.

Montar las claras a punto nieve e incorporarlas a la preparación con movimientos suaves y envolventes. Verter la preparación en moldes de mini tartas engrasados y enharinados y hornear durante 45 minutos a 180° C. Si se usa un molde de 21 cm hornear durante aproximadamente 55 minutos.

Mini naked cakes
con pensamientos

RELLENO DE MASCARPONE DE MANZANA

Ingredientes

3 hojas de gelatina

3 cucharadas de licor de manzana o jugo/zumo de manzanas si es para niños

1 cucharadita de esencia de manzana

500 g de mascarpone

200 g de azúcar impalpable (azúcar glas)

Unas gotas de colorante alimentario en pasta rosa

Preparación

Hidratar las hojas de gelatina en agua fría durante 20 minutos. Quitarle al mascarpone todo el suero que pudiera venir en el pote. Calentar el licor de manzana. Una vez hidratada la gelatina, escurrirla muy bien, apretándola para quitarle el agua. Añadir la gelatina al licor caliente y remover hasta que esté disuelta, incorporar al mascarpone junto con la esencia de manzana y batir. Agregar el azúcar impalpable (azúcar glas) tamizado y batir a velocidad mínima hasta que se haya mezclado, agregar el colorante. El secreto para que el mascarpone no pierda cuerpo es no batirlo demasiado.

Llevar la crema a la nevera durante por lo menos 6 horas. Al momento de usar mezclar con una espátula, no batir.

Cortar las mini tartas en dos capas y rellenar una manga pastelera con la crema, usando una boquilla de pétalo. Con la parte más gruesa de la boquilla hacia abajo trazar un pétalo sobre la tarta haciendo un movimiento en forma de U o de gota, cubrir todo el contorno de la mini tarta con pétalos y luego hacer una segunda capa de pétalos encima. Dejar 5 minutos en el congelador antes de colocar encima la capa de tarta para que no se aplasten los pétalos. Repetir con todas las capas de tarta de la misma forma y también hacer pétalos en la parte superior. Conservar las mini tartas en la nevera hasta el momento de servir.

PASO A PASO DE LA DECORACIÓN

Ingredientes y materiales

Colorante alimentario en polvo rosa oscuro

Colorante alimentario en pasta negro

100 g de pasta de goma rosa

Pegamento comestible

Rodillo

Bolillo grande

Tapete grueso de goma EVA (flower pad)

Cortador de pétalo de rosa mediano, cortador de corazón mediano y texturizador de pétalo de rosa

Pinceles

Formador para flores (véase la sección Recetas y técnicas, como hacerlos de forma casera)

Para hacer las flores de pensamiento, estirar con el rodillo una pequeña cantidad de pasta de goma rosa de aproximadamente 1 mm de grosor sobre una superficie previamente engrasada con manteca. Con el cortador de pétalo de rosa cortar 4 pétalos y 1 pétalo con el cortador de corazón, afinar los bordes de cada uno con el bolillo sobre el tapete de goma y con un texturizador de pétalos marcar las nervaduras. Curvar los pétalos levemente hacia fuera a ambos lados y colocar el primero en la parte superior de un formador de flores. Con un pincel con pegamento comestible pegar otro de los pétalos levemente superpuesto con el anterior. Con un pincel con pegamento comestible pegar los otros 2 pétalos levemente superpuestos con los otros y pegar abajo el último pétalo en forma de corazón

Con la parte posterior de un pincel presionar sobre el centro para hacer un pequeño agujero, esto ayudará además a que los pétalos queden bien pegados. Dejar secar la flor por lo menos durante 6 horas.

Tomar con un pincel colorante alimentario en polvo rosa oscuro, quitar todo el exceso en un papel de cocina y colorear el centro de la flor, si es necesario repetir otra vez la operación para que quede un color más intenso como se puede ver en la foto.

Mezclar colorante en pasta negro con unas gotitas de aguay y con un pincel fino, pintar el centro como se muestra en la foto. Dejar secar 24 horas y adherir las flores a las mini tartas

San Valentín
love birds cookie

Esta casita de pajaritos está hecha con un cortador que he diseñado y usado para hacer cookies de distintos temas. Esta galleta de pajaritos enamorados es un dulce regalo para celebrar San Valentín.

Ingredientes

10 galletas "Casita de pajarito" hechas con 1 fórmula de la receta de masa para galletas de vainilla (véase Recetas y técnicas, pág. 185)

2 fórmulas de glasé real (véase Recetas y técnicas, pág. 186)

Colorante en pasta alimentario: rosa, verde menta, verde seco y beige

½ fórmula de la receta de glasé elástico (véase Recetas y técnicas, pág. 189)

10 g de fondant verde seco

5 g de fondant beige

5 g de pasta de goma blanca

Colorante alimentario en polvo rosa
Una pequeña cantidad de bebida alcohólica blanca (ej. vodka)

Pegamento comestible

Azúcar

PASO A PASO DE LA DECORACIÓN

Para hacer las galletas, estirar y cortar la masa siguiendo las instrucciones de la sección Recetas y técnicas, página 185. Cortar las piezas con el cortador de casita y presionar suavemente con el cortador de corazón en el centro de la casita para que quede marcada con esa forma. Hornear durante 10 minutos a 180º C.

Teñir el glasé real con el colorante rosa, en dos tonos: rosa claro y rosa oscuro. Con el colorante verde menta hacer un glasé verde muy claro. Reservar un poco de glasé blanco.

Para glasear la galleta, con una manga pastelera rellena con glasé real de pico blando (para escribir, Véase Recetas y técnicas en página 186) color rosa claro y una boquilla Nº 3 realizar el contorno del tejado terminando en ondas en la parte inferior del mismo, con colorante verde menta claro hacer el contorno de la casita y con glasé rosa oscuro hacer el contorno del corazón que está marcado en el centro de la cookie (véase como usar la manga en la sección Recetas y técnicas, página 185).

Hacer glasé fluido verde menta claro (véase la sección Recetas y técnicas, página 187) y, con un biberón o una manga pastelera, rellenar toda la superficie de la casita delineada previamente con verde. Con glasé fluido rosa oscuro, rellenar el corazón; y, con glasé rosa claro, rellenar la parte correspondiente al tejado. Dejar secar durante 24 horas.

Hacer un encaje elástico de color blanco, marcarlo con el cortador de corazón y recortarlo, pegarlo al corazón de la galleta con pegamento comestible y también una tira muy delgada en la base de la casita.

San Valentín

love birds cookie

Materiales

Cortador de casita de pajarito
Cortador de corazón mediano
Cortador de flor pequeña
Rodillo
Tapete de silicona para encaje elástico
Adaptadores plásticos de boquillas
Boquilla redonda lisa Nº 3
Boquilla redonda lisa Nº 2
Biberón plástico o manga pastelera
Pincel

PASO A PASO DE LA DECORACIÓN

Con glasé real blanco en una manga pastelera con una boquilla Nº 2 hacer el contorno del corazón e inmediatamente tomar la galleta y apoyarla sobre un plato cubierto con azúcar para que la línea quede escarchada. Hacer de la misma forma el contorno de la parte inferior con ondas del tejado.

Teñir un poco de fondant con el colorante verde seco y hacer una bolita de 1,5 cm. Afinar con los dedos en un extremo para formar la cabeza del pajarito y luego afinar en el centro de la cabeza estirando hacia fuera para formar el pico. Afinar la parte posterior para formar la cola tirando hacia arriba y luego formando un rizo en el borde de la cola del pajarito. Para hacer las alas tomar una pequeña cantidad de fondant beige, hacer una bolita y afinarla en un extremo para formar el ala y pegarla con pegamento comestible. Con un palillo, tomar un poco de colorante beige y hacer un puntito para marcar el ojo. Mezclar el colorante en polvo rosa con un poco de alguna bebida alcohólica blanca y pintar el pico. Hacer el otro pajarito de la misma forma pero con la cola hacia arriba y pegarlos con pegamento comestible sobre el corazón, como se ve en la foto.

Sobre una superficie ligeramente untada con mantequilla estirar pasta de goma blanca de aproximadamente 1 mm de espesor y con el cortador de flor pequeña cortar 2 flores por galleta. Con un pincel fino tomar un poco de colorante en polvo rosa, quitar el excedente en un papel de cocina y colorear el centro de cada flor y con una manga con una boquilla Nº 2 hacer un puntito de glasé real en el centro de cada una. Pegar con un puntito de glasé una flor en el extremo superior izquierdo del corazón y otra en el extremo inferior derecho.

San Valentín

cosmopolitan cake

Es sabido que la rutina puede apagar el amor, por eso, para el próximo San Valentín te propongo una tarta que sale de lo convencional: en vez del clásico relleno horizontal lo lleva vertical. Esta es una tarta muy divertida de hacer y con un sabor que también enciende la pasión.

CÓCTEL COSMOPOLITAN

Ingredientes

15 ml de Cointreau® (licor de naranja)
30 ml de jugo/zumo de arándanos rojos (cranberry)
15 ml de jugo/zumo de lima
40 ml vodka
6 Cubitos de hielo picados
Media rodaja de lima

Preparación

Introducir en una coctelera el hielo picado, el Cointreau®, el jugo de arándonos rojos, el jugo de lima y el vodka. Agitar bien, colar y servir en copas de cóctel. Decorar con media rodaja de lima.

Esta es la receta para preparar el cóctel Cosmopolitan con el cual acompañar la tarta. Para hacer la crema y el almíbar que baña las capas de la tarta, hay que mezclar todos los ingredientes del cóctel pero suprimir el hielo.

PIONONO

Ingredientes
(para 1 plancha de pionono)
4 huevos
4 cucharadas de azúcar
4 cucharadas de harina

Preparación

Se necesitan 4 planchas de pionono de 30 x 30 cm.
Cubrir una bandeja con papel de horno/papel manteca de 30 x 30 cm. Separar las yemas de huevo de las claras, reservar las claras. Batir las yemas con el azúcar hasta que blanqueen. Agregar poco a poco la harina tamizada y mezclar. Montar las claras a punto de nieve e incorporarlas a la preparación mezclando a mano con una espátula, haciendo movimientos suaves y envolventes. Extender la masa sobre el papel de horno/papel manteca y alisar con una espátula. Hornear 15 minutos a 180º C y dejar enfriar sin quitar el papel.

San Valentín

cosmopolitan cake

ALMÍBAR DE CÓCTEL COSMOPOLITAN

Ingredientes

100 g de azúcar

2 fórmulas de la receta del cóctel Cosmopolitan (sin el hielo)

Preparación

Poner en una olla el azúcar y una fórmula del cóctel Cosmopolitan y llevar a ebullición. Apenas comience a hervir, retirar del fuego, dejar que se entibie un poco y agregar la segunda fórmula del cóctel. Conservar en la nevera hasta el momento de bañar las capas de la tarta.

CREMA MUSELINA DE CÓCTEL COSMOPOLITAN

Ingredientes y materiales

550 g de mantequilla

250 g de azúcar

70 ml de agua

7 claras de huevo

1 cucharadita de cremor tártaro

100 g cóctel Cosmopolitan (sin hielo)

Colorante alimentario en pasta fucsia

Termómetro para caramelo

Preparación

La mantequilla tiene que estar a temperatura ambiente y cortada en dados pequeños, pero no demasiado blanda, porque la crema se cortaría en ese caso. La temperatura ambiente no debe ser superior a 20º C. Si hace más calor, dejar que tome temperatura ambiente y luego enfriarla unos minutos a la nevera antes de usar.

Colocar en una olla el agua y el azúcar, mezclar bien y poner al fuego; cuando comience a hervir, sumergir dentro el termómetro para caramelo. Cuando el termómetro marque 100º C montar las claras a punto de nieve junto con el cremor tártaro en batidora a máxima velocidad. Cuando el termómetro llegue a 120º C retirar del fuego y verter el almíbar poco a poco sobre las claras mientras se baten a máxima velocidad. Tener cuidado de no verter el almíbar sobre las varillas de la batidora, porque se endurecería, hacerlo sobre las paredes del bol. Agregar unas gotas de colorante fucsia. Batir a máxima velocidad durante 25 minutos, hasta que el merengue esté muy firme y se haya enfriado.

Cambiar el batidor de varillas por la pala (Ka) y mezclando a velocidad media incorporar uno a uno los dados de mantequilla esperando que se mezcle bien antes de agregar el siguiente, finalmente agregar poco a poco el cóctel Cosmopolitan.

Si en algún momento la crema pareciera cortarse, solo hay que subir la velocidad de la batidora y batir hasta que vuelva a tomar una consistencia lisa y suave.

Cosmopolitan
CAKE

San Valentín

cosmopolitan cake

MONTAJE DE LA TARTA

Materiales

Cuchillo largo de sierra

Bandeja de cartón de pastelería grande

1 plato giratorio para tartas

1 espátula larga

Papel de horno

Tijeras

Preparación

Cortar cada capa de 30 x 30 cm de pionono por la mitad, con una tijera (no quitar el papel) para que queden 2 capas de 15 x 30 cm, luego cortar estas dos capas por la mitad para que queden cuadrados de 15 cm x 15 cm.

Disponer la primera plancha de pionono sobre la bandeja de cartón con el papel de horno hacia arriba, ahora sí quitar el papel, luego humedecer la plancha con el almíbar de cóctel Cosmopolitan. Con la espátula, cubrir la plancha con una capa no muy gruesa de crema, tratando de que la crema tenga el mismo espesor en toda la superficie.

Colocar encima la segunda plancha de pionono con el papel hacia arriba, despegar el papel, humedecer la plancha con el almíbar y cubrir con crema de la misma forma. Repetir el procedimiento con todas las capas de pionono.

Llevar a la nevera durante por lo menos 3 horas para que se enfríe la crema y luego se pueda girar la tarta, de manera que las capas de relleno queden verticales.

Transcurrido ese tiempo, retirar la tarta de la nevera y, con el cuchillo largo de sierra, cortar los laterales, tal como se ve en la foto, para que la tarta tenga un aspecto parejo.

Dar vuelta la tarta de modo que las capas de relleno queden verticales. Antes de cubrirla con la crema, hacer una marca en la bandeja para saber cuáles son los dos lados con las rayas verticales (hay dos caras cubiertas con pionono y dos caras con las capas verticales de relleno). Esto es importante saberlo para que a la hora de cortar la tarta se corte de los lados de las capas verticales de relleno.

Con la espátula, cubrir generosamente la tarta con la crema muselina de Cosmopolitan. Alisar la parte superior retirando el excedente de crema y luego alisar los laterales, tratando de que queden uniformes. La primera cobertura no quedará perfecta. Llevar la tarta a la nevera por unos 30 minutos para que endurezca un poco la primera capa antes de aplicar la segunda capa de crema, con la que quedará perfecta. Aplicar la segunda capa de crema de la misma forma. Para el alisado final, que perfeccionará la cobertura, calentar la espátula con agua caliente, secar con un trapo y alisar.

PASO A PASO DE LA DECORACIÓN

Materiales

Rodillo

Cortador de corazón pequeño, mediano y grande

Espátula scrap/recorgedora

Plantilla de esténcil con rayas

Pincel brocha

Ingredientes

80 g aprox. de pasta de goma color borgoña

Colorante en polvo alimentario color dorado

Mantequilla

PASO A PASO DE LA DECORACIÓN

Para hacer los corazones con rayas doradas, estirar con el rodillo la pasta de goma borgoña sobre una superficie ligeramente engrasada con mantequilla, hasta aproximadamente 2 mm de espesor.

Disponer encima la plantilla de esténcil y, sosteniéndola siempre con la mano para que no se mueva, tomar un poco de mantequilla con los dedos (lavarse muy bien las manos antes con agua y jabón) y pasar con los dedos la mantequilla sobre la pasta y el esténcil. Esto no se puede hacer derritiendo la mantequilla y pincelando, ya que si se pone mucha cantidad de mantequilla se puede escurrir por debajo de la plantilla y el dibujo no saldrá claro.

Sin mover la plantilla en ningún momento (lo conveniente es sostenerla todo el tiempo con una mano) pincelar generosamente con la brocha con colorante en polvo dorado. Pincelar bien hasta quitar todo el excedente de polvo, ya que si queda polvo sobre el esténcil éste se transferirá al dibujo y no quedará claro, además tampoco brillará mucho el dorado, para que brille intensamente hay que retirar todo el exceso de polvo.

Retirar con cuidado la plantilla con ambas manos hacia arriba y cortar los corazones con los cortadores de distintos tamaños, como se muestra en la foto.

Con la espátula scrap/recogedora, levantar uno a uno los corazones y dejarlos secar en una superficie plana durante una hora. Para manipularlos usar una espátula, no ponerles los dedos encima porque las rayas doradas se borrarían.

Usar los corazones para decorar apoyándolos sobre la tarta, como se ve en la foto, haciendo un poco de presión para que queden pegados a la crema.

Bodas de plata
tarta de peras al borgoña

Esta lujosa tarta está pintada a mano en color plata. Es una buena idea celebrar con ella unas bodas de plata o cualquier otra ocasión de forma elegante.

TARTA DE PERAS AL BORGOÑA

Ingredientes

Para un molde de 22 cm. Para hacer esta tarta con moldes de 15 cm y 10 cm se necesita 1 ½ fórmula de la receta

125 g de mantequilla

125 g de azúcar

4 huevos , separados

5 cucharadas de vino tinto

2 peras, hechas puré

180 g de harina

1 cucharadita de polvo de hornear (levadura)

Preparación

Batir la mantequilla a temperatura ambiente con el azúcar hasta que esté cremosa. Incorporar las yemas, batir bien. Agregar el vino tinto y las peras hechas puré.

Tamizar la harina y el polvo de hornear e incorporarlos a la preparación anterior, mezclando. Batir las claras a punto de nieve y agregarlas también, mezclando suavemente con una espátula.

Engrasar un molde de 24 cm con manteca (mantequilla) y enharinarlo, verter la mezcla y cocinar a 180º C durante 55 minutos aproximadamente.

PERAS AL BORGOÑA

Ingredientes

250 g de azúcar

1 litro de vino tinto

1 rama de canela

2 clavos de olor

6 peras, cortadas en láminas

Preparación

Poner en una olla el azúcar, cubrirla con el vino tinto, la rama de canela y los clavos de olor, incorporar las peras y llevar a ebullición. Hacer hervir las peras de 5 a 7 minutos, hasta que tomen el color del vino. Apagar el fuego, retirar las peras y reservar. Quitar la rama de canela y los clavos de olor y descartarlos. Volver a poner la olla con el líquido al fuego y dejar hervir aproximadamente 8 minutos para que se reduzca.
Cortar la tarta en capas, usar este almíbar para bañar las capas y disponer encima las peras al borgoña cortadas en trozos pequeños.

CUPCAKES DE CHOCOLATE Y PERAS

Ingredientes

110 g de chocolate negro

110 g de mantequilla

3 huevos

150 g de azúcar

80 g de peras, cortadas en daditos

60 g de harina

2 cucharaditas de polvo de hornear (levadura)

Preparación

Derretir el chocolate junto con la mantequilla, incorporar los huevos batiendo bien. Agregar el azúcar y batir. Incorporar las peras y mezclar. Mezclar la harina con el polvo de hornear (levadura), tamizar y agregarla en tres tandas mezclando bien.

Llenar los moldes de los cupcakes hasta las ¾ partes y hornear a 180° C durante 20 minutos.

PASO A PASO DE LA DECORACIÓN

Ingredientes

Fondant blanco (300 g para el piso de 10 cm y 600 g para el piso de 15 cm)

Pasta de goma color rosa (300 g aprox.)

Pasta de goma blanca (50 g aprox.)

Colorante alimentario en polvo plateado

Colorante alimentario en polvo rosa y rosa oscuro

Una pequeña cantidad de bebida alcohólica blanca (ej. vodka, ginebra)

Pegamento comestible

Azúcar impalpable (azúcar glas) para espolvorear

Glasé real (véase la sección Recetas y técnicas)

Non pareils plateados (perlitas de azúcar)

Sprinkles blancos de copo de nieve o flor

Piping gel o jalea

PASO A PASO DE LA DECORACIÓN

Materiales

Cuchillo largo de sierra

Manga pastelera

Espátula scrap/recogedora

Plato giratorio para pasteles

Pincel de silicona para pastelería

Pincel fino, pincel plano de cerdas suaves y pincel plano de cerdas duras

Alisador/fratacho de fondant

Hojas plásticas flexibles para alisar el fondant

1 pilar plástico (dowel)

2 bandejas finas de cartón de pastelería redondas de 15 y 10 cm

Rodillo

Esteca plástica de cuchillo

Esteca estriada para centros de flores

Bolillo grande

Tapete grueso de goma EVA con agujeros (flower pad)

Cortador de pétalo de peonía vintage

Texturizador de pétalo de peonía

Texturizador de joya pequeña

Cortador de jazmín y de petunia

Cortador de círculo

Alambres de flores grueso N° 18 color blanco

Alambres de flores fino N° 26 color blanco

Cinta de floristería (floral tape)

Formador de flores y papel de aluminio

Cinta de raso gris

Preparar las tartas cubriéndolas con ganache de chocolate para perfeccionarlos. Véase el procedimiento en la sección Recetas y técnicas, página 178.

Cubrir las tartas con fondant e insertar dentro de la tarta de 15 cm un pilar plástico en el centro. Véase el procedimiento en la sección Recetas y técnicas. Para pintar la tarta, mezclar en un bol colorante en polvo plateado con un poco de la bebida alcohólica. Con el pincel plano de cerdas suaves pintar la parte superior de la tarta y con el pincel de cerdas duras pintar los laterales de arriba hacia abajo, aproximadamente hasta la mitad de la tarta, como se ve en la foto, dejando que se noten las pinceladas. Con una gota de glasé real pegar la cinta de raso gris alrededor de cada tarta. Pegar las tartas entre si con un poco de glasé real.

Para hacer el centro de la peonía cortar un alambre N° 18 de 10 cm de largo y hacer una bolita de pasta de goma rosa del tamaño de un guisante, darle forma de gota e introducirle el alambre, ajustar bien la pasta al alambre y aplanar la parte superior sobre la mesa, para después poder pegar encima la joya de azúcar. Dejar secar entre 24 y 48 horas.

Para hacer los pétalos, engrasar con mantequilla la mesa y con el rodillo estirar pasta de goma rosa claro de aproximadamente 2 mm de espesor y con el cortador de peonía, cortar 6 pétalos pequeños, 6 pétalos medianos y 8 pétalos grandes, cubrirlos con una bolsa plástica para que no se sequen mientras no se usan.

Tomar el primer pétalo entre los dedos índice y pulgar e introducirle en el centro un alambre fino N° 26, ajustando muy bien la pasta al alambre, para que cuando se seque no se salga del pétalo. Colocar el pétalo sobre el tapete de goma EVA y con un bolillo afinar los bordes sin tocar la estructura interior, como se puede ver en la foto.

Con el texturizador de silicona presionar el pétalo para marcar las nervaduras. Con un bolillo pequeño marcar líneas de fuera hacia dentro de los pétalos para darles forma y profundidad, como se ve en la foto. Tomar los bordes del pétalo y con los dedos darle una suave curvatura hacia dentro. Hacer 5 pétalos pequeños, 6 medianos y 8 grandes. Dejarlos secar durante 24 horas en los climas secos y 48 horas en los climas húmedos dentro de un formador de pétalos (véase como hacerlos en la sección Recetas y técnicas).

Una vez que los pétalos estén secos, cortar 15 tiras de aproximadamente 10 cm de cinta de floristería, poner la flor boca abajo y con la cinta empezar a pegar el primer pétalo de tamaño pequeño al centro de la flor, empezando un par de centímetros por encima de la base donde está insertado el alambre y bajar la cinta en diagonal, una vez que se ha llegado a la base del pétalo dar tres vueltas de cinta para que quede inmóvil, presionando fuertemente cada vez, siempre sobre el alambre.

De la misma forma pegar el segundo pétalo pequeño al lado del primero, luego el tercero, el cuarto y el quinto pétalo pequeño uno al lado del otro.

Pegar el primer pétalo mediano ubicándolo en la intersección de dos de los pétalos pequeños y luego pegar con la cinta de floristería los restantes pétalos medianos. Pegar los pétalos grandes, ubicando el primero en la intersección de dos pétalos ya pegados y luego pegar los pétalos restantes ligeramente superpuestos unos con otros hasta terminar la vuelta, al final asegurar los pétalos con un par de vueltas de cinta de floristería.

Para hacer la joya que decora el centro de la peonía tomar una bolita de pasta de goma rosa, apoyarla en el molde de silicona de joya, presionar con fuerza, retirar y recortar. Con colorante en polvo plateado y la bebida alcohólica mezclados, pintar la parte del engarce. Hacer varias joyas, una para el centro de la flor, dos que irán pegadas con un punto de glasé real en el centro de las cintas que rodean las tartas y otras piezas para decorar los cupcakes. Para dar brillo al centro de la joya, pincelar con piping gel o gel de brillo la parte rosa del broche.

Para hacer los jazmines y las petunias que decoran la tarta, colocar una bolita de pasta de goma blanca de no más de 2 cm. de diámetro sobre uno de los huecos del tapete de goma EVA y estirar con el rodillo. Retirar la pasta del agujero y colocar la pasta con el conito hacia arriba sobre la mesa, cortar una petunia como se muestra en la foto.

Luego volver a colocarla dentro del agujero del tapete de goma y afinar los pétalos haciendo una suave presión con el bolillo en cada uno de ellos, como se ve en la foto y pellizcar un poco las puntas para acentuar el efecto de pico del pétalo. Insertar un alambre fino Nº 22 dentro del conito de pasta que ha quedado en la parte trasera de la petunia y ajustar bien con los dedos para que quede adherido, con la esteca estriada hacer un agujero en el centro. Dejar secar las petunias colgadas boca abajo por un par de horas.

Hacer de la misma forma los jazmines con el cortador de jazmín. Hacer 4 petunias y 6 jazmines. Diluir colorante en polvo plateado con la bebida alcohólica y pintar las flores de plateado. Disponerlas como se ve en la foto clavándolas en la tarta y colocar la peonía en el piso superior.

Para hacer las flores que decoran los cupcakes trabajar de la misma forma, pero con pasta de goma rosa y sin colocarles el alambre, afinando la pasta en la parte de atrás de las flores a modo de tallo.

Dejar secar las flores 24 horas y, una vez que estén secas, pincelar el centro y el cáliz de cada flor con colorante alimentario en polvo color rosa oscuro, quitando antes de hacerlo el exceso de polvo sobre un papel de cocina. Pegar las flores a los cupcakes junto con las joyas, sobre diminutas bolitas de fondant pinceladas por detrás con pegamento comestible para ajustarlas a los cupcakes.

Para cubrir los cupcakes, estirar fondant blanco sobre una superficie ligeramente engrasada con mantequilla y con el cortador de círculo cortar las piezas necesarias. Apoyar un círculo de fondant sobre cada cupcake y pegarlo con un suave masaje, alisar con el alisador de fondant, pincelar la superficie con piping gel o jalea y adherir los sprinkles blancos de copos de nieve o flores. Luego apoyarlos sobre un plato cubierto de nonpareils (perlitas de azúcar) plateados como muestra la foto.

Diluir colorante en polvo plateado con la bebida alcohólica blanca y pintar los sprinkles de copo de nieve o flores de plateado. Pegar las joyas y las flores para terminar de decorar los cupcakes.

Canelés
de violetas

Los canelés son unos pasteles originarios de Bordeaux en Francia, esta es una receta más fácil que la original, que se hace en moldes de cobre, aquí utilizamos moldes de silicona. El glaseado de miel y violetas le da brillo con un toque muy actual y presentándolos dispuestos en forma de pirámide se convierten en una alternativa original.

Ingredientes

(Para 18 canelés)

750 ml de leche entera

60g de mantequilla

3 huevos y 3 yemas de huevo

300g de azúcar impalpable (azúcar glas)

160g de harina

5 cucharadas de ron

3 cucharaditas de esencia de vainilla

Preparación

Poner en una olla la leche y la mantequilla y llevar a ebullición. Mezclar aparte los huevos y las yemas con el azúcar impalpable (azúcar glas) hasta lograr una crema. Incorporar la harina, el ron y la esencia de vainilla mezclando bien. Agregar la mezcla de leche y mantequilla calientes y mezclar suavemente. Guardar la masa en un recipiente plástico hermético y dejarla reposar en la nevera durante 24 horas.

Pincelar ligeramente los moldes de silicona con mantequilla derretida, remover la mezcla recién sacada de la nevera y verterla hasta apenas un poco más de la mitad del molde, hornear durante 10 minutos a 220º C, bajar la temperatura a 180º C y hornear 35 minutos.

Si ves que tus canelés se están inflando a punto de desbordarse, saca la bandeja del horno y con la ayuda de una cuchara aplástalos hasta que se bajen y sigue horneando.

GLASEADO DE MIEL DE VIOLETAS

Ingredientes

100 g de miel

1 cucharadita de esencia de violetas

Preparación

Mezclar la miel y la esencia de violetas y llevar 2 minutos al microondas a temperatura mínima o llevar al baño María hasta que esté fluida. Con un pincel de silicona pincelar inmediatamente los canelés.

Canelés
de violetas

PASO A PASO DE LA DECORACIÓN

Ingredientes

Pasta de goma color violeta claro
(30 g aprox.)

Pasta de goma color violeta oscuro
(30 g aprox.)

Colorante alimentario en polvo
blanco

Colorante alimentario en polvo
amarillo

Una pequeña cantidad de una
bebida alcohólica blanca
(Ej. vodka)

Glasé real

Pétalos de violetas cristalizados
para decorar (opcional)

Materiales

Rodillo

Cortador de jazmín

Bolillo

Pincel

Tapete grueso de goma EVA
(flower pad) y esponja

Manga pastelera

Boquilla redonda lisa Nº 3

Huevera de plástico

Preparación

Para hacer las violetas, sobre una superficie ligeramente engrasada con mantequilla estirar
con el rodillo la pasta de goma violeta hasta aproximadamente 2 mm de espesor. Cortar
las flores necesarias, afinar sus pétalos presionando con el bolillo sobre el tapete de goma
y curvar hacia fuera algunos de los pétalos.

Colocar la flor sobre una esponja blanda y presionar con un pincel en el centro para hacer
un agujero.

Dejar secar las flores por lo menos durante 1 hora dentro de una huevera de plástico.

Tomar con un pincel una pequeña cantidad de colorante en polvo blanco, quitar todo
el exceso en un papel de cocina y colorear el centro de cada flor. Mezclar una pequeña
cantidad de colorante en polvo amarillo con el alcohol (Ej. vodka) hasta formar una
pintura líquida y con un pincel fino pintar una raya desde el centro de cada flor y hacia
fuera.

Una vez montados los canelés unos arriba de otros en el plato, pegar las violetas con
glasé real blanco, ayudándose con manga pastelera. Si lo desea, puede esparcir pétalos de
violeta cristalizados sobre el plato.

Snowflakes
tarta de dátiles y caramelo

Hace tiempo hice una tarta de boda idéntica a esta para una pareja que se casaba en invierno. Cinco años más tarde el marido me encargó la misma tarta en versión más pequeña para sorprender a su mujer en su quinto aniversario de casados. Este diseño es muy chic y atemporal, y el detalle tan romántico de que fuera el regalo de aniversario me emocionó mucho.

TARTA DE DÁTILES AL WHISKY

Ingredientes

(Para un molde 22cm)
Se necesitan 3 fórmulas de esta receta para hacer esta tarta con 4 moldes de 20 cm, 15 cm, 10 cm y 7 cm

300 g de queso crema

50 g de azúcar

3 huevos, separados

6 cucharadas de whisky

260 g de harina

100 g de maicena

3 cucharaditas de polvo de hornear (levadura)

150 g de dátiles cortados en trozos pequeños

Preparación

Batir el queso crema con el azúcar. Agregar las yemas de huevo y el whisky y batir hasta que la mezcla esté cremosa. Mezclar la harina, la maicena y el polvo de hornear (levadura) y tamizarlos, agregar la harina a la preparación en tres tandas alternando con los dátiles picados.

Montar las claras a punto de nieve e incorporarlas mezclando a mano con una espátula con movimientos suaves y envolventes.

Engrasar el molde con mantequilla y enharinarlo, Verter la mezcla y hornear a 180º C durante 55 minutos aproximadamente.

ALMÍBAR DE WHISKY

Ingredientes

150 g de azúcar

150 g de whisky

100 g de agua

Preparación

Poner en una olla el azúcar, cubrirla con el whisky y el agua, mezclar y llevar a ebullición. Cuando empiece a hervir, retirar del fuego. Si no se usa enseguida, conservar en la nevera en un recipiente cerrado hasta el momento de bañar la tarta.

Snowflakes
tarta de dátiles y caramelo

CREMA DE CARAMELO Y DÁTILES

Ingredientes
540 g de azúcar
210 g de mantequilla
270 g de crema de leche (nata)
150 g de dátiles

Preparación

Poner una olla al fuego con el azúcar y remover de vez en cuando. Cuando el azúcar comience a caramelizar mezclar constantemente con una cuchara de metal hasta que los cristales de azúcar se disuelvan y el caramelo esté homogéneo. Calentar la crema de leche (nata).

Bajar el fuego al mínimo e incorporar la crema de leche (nata) muy caliente poco a poco removiendo hasta que esté incorporada y el caramelo esté fluido. Es importante agregar la crema de leche (nata) muy caliente, pero no hirviendo y de a poco ya que al agregarla hace una fuerte ebullición y si la crema de leche (nata) se incorpora de golpe o fría el caramelo se endurece. En ese caso se puede arreglar, subiendo el fuego al máximo y removiendo el caramelo con una cuchara metálica hasta que esté líquido. Pero para evitar esto sólo hay que recordar agregar la crema de leche (nata) muy caliente y poco a poco mientras se va removiendo. Tener cuidado de no quemarse porque el caramelo está muy caliente, no tocarlo con las manos en ningún momento.

Cuando la crema esté bien incorporada verter el caramelo en un bol metálico o de loza (no de plástico porque se derretiría) e incorporar la mantequilla cortada en dados batiendo con batidora hasta que esté integrada. El caramelo se puede conservar en un recipiente hermético a temperatura ambiente varias semanas. Reservar 4 cucharadas del caramelo para hacer los cupcakes.

Triturar los dátiles con un mixer hasta que se haga una pasta. Incorporarlos al caramelo y batir hasta que estén integrados.

Cortar la tarta en capas, humedecerlas con el almíbar de whisky y rellenarla con la crema de caramelo y dátiles.

Snowflakes

tarta de dátiles y caramelo

CUPCAKES DE CARAMELO Y VIOLETAS

Ingredientes

110 g de mantequilla

110 g de azúcar impalpable (azúcar glas)

3 huevos, separados

1 cucharada de whisky

4 cucharadas de caramelo

160 g de harina

1 cucharadita de polvo de hornear (levadura)

Preparación

Batir la mantequilla con el azúcar impalpable (azúcar glas) hasta que esté cremosa. Agregar las yemas y batir. Incorporar el caramelo y el whisky, batiendo hasta que se integren. Mezclar la harina con el polvo de hornear (levadura) y tamizar, incorporarla a la preparación, mezclando poco a poco.

Montar las claras a punto de nieve y agregarlas mezclando con una espátula con movimientos suaves.

Llenar los moldes de los cupcakes hasta la ¾ parte y hornear a 180º C durante 20 minutos.

JALEA DE VIOLETAS

Ingredientes

3 tazas de violetas sin tallos
500 g de agua hirviendo
1 kg de azúcar
55 g de pectina en polvo
Jugo/zumo de un limón colado

Preparación

Las violetas tienen que ser de cultivo ecológico o no estar tratadas químicamente, no se pueden usar las de las florerías que están rociadas con pesticidas y son tóxicas. Se encuentran en proveedores especializados en flores comestibles.

Lavar las violetas con agua fría y reservar una taza. Colocar en un bol de vidrio o loza 2 tazas de violetas y volcar el agua hirviendo, dejar reposar 3 horas y colar la infusión descartando las violetas.

Mezclar el azúcar con la pectina en polvo. En una olla incorporar la infusión de violetas, el zumo de limón y el azúcar con la pectina, remover bien y llevar al fuego, cuando comience a hervir dejar que hierva 2 minutos, retirar la espuma que se forma en la superficie. Quitar del fuego e inmediatamente agregar a otra taza de violetas, mezclando para que se distribuyan bien.

Dejar enfriar antes de rellenar los cupcakes. Con un descorazonador de manzanas o un cuchillo hacer un agujero en el centro del cupcake, rellenarlo con la confitura de violetas, cortar solo la tapa de lo que se ha retirado al agujerear el cupcake y tapar. Esta cantidad es para unos 4 tarros de jalea. Se conserva meses en frascos de vidrio esterilizados y cerrados.

Como esterilizar frascos de cristal

Rellenar de agua una olla poner los frascos dentro cubiertos con el agua hasta la mitad y las tapas también, poner un trapo en la base de los tarros, para que no toquen el fondo de la olla ni se golpeen entre si. Dejar hervir durante 10 minutos, apagar el fuego y dejar que los frascos se enfríen en el interior para que no se rompan por el cambio de temperatura. Sacarlos y dejarlos secar boca abajo sobre papel absorbente de cocina hasta que estén secos.
Esta cantidad de la receta es para unos 4 tarros de jalea. Se conserva meses en frascos de vidrio esterilizados y cerrados.

Snowflakes
tarta de dátiles y caramelo

CREMA MUSELINA DE VIOLETAS

Ingredientes y materiales

550 g de mantequilla

7 claras de huevo

250 g de azúcar

70 g de agua

1 cucharadita de cremor tártaro

2 cucharaditas de esencia de violetas

Colorante alimentario violeta

Termómetro para caramelo

Preparación

La mantequilla tiene que estar a temperatura ambiente y cortada en dados pequeños, pero no demasiado blanda (si no la crema se cortaría). La temperatura ambiente no debe superar los 20º C; si hace más calor, dejar que la mantequilla tome temperatura ambiente y luego enfriarla unos minutos en la nevera antes de usar.

Colocar el agua y el azúcar en una olla, mezclar bien y poner al fuego, cuando comience a hervir sumergir en la olla el termómetro para caramelo. Cuando el termómetro marque 100º C poner a montar las claras a punto de nieve en la batidora, junto con el cremor tártaro, a máxima velocidad. Cuando el termómetro llegue a 120º C retirar y verter el almíbar poco a poco sobre las claras mientras se continúa batiendo a máxima velocidad. No verter el almíbar sobre las varillas de la batidora porque se endurecería, hacerlo sobre las paredes del bol. Agregar unas gotas de colorante violeta. Batir a máxima velocidad durante 25 minutos, hasta que el merengue esté muy firme y se haya enfriado.

Cambiar el batidor de varillas por la pala (Ka) y, mezclando a velocidad media, incorporar uno a uno los dados de mantequilla esperando que se mezcle bien luego de cada adición antes de agregar el siguiente dado.

Si en algún momento la crema pareciera cortarse, solo hay que subir la velocidad de la batidora y batir hasta que vuelva a tomar una consistencia lisa y suave. Si la crema no tiene suficiente cuerpo, dejar enfriar unos minutos en la nevera, mezclar con una espátula y usar.

Para decorar los cupcakes, poner la crema en una manga pastelera con una boquilla rizada y hacer un rizo en espiral comenzando desde la parte externa del cupcake hasta el centro, al terminar dejar de presionar la manga antes de retirarla. Decorarlos con los copos de nieve de azúcar.

PASO A PASO DE LA DECORACIÓN

Ingredientes

Fondant violeta: 200 g para el piso de 8 cm, 300 g para el piso de 10 cm, 600 g para el piso de 15 cm y 750 g para el piso de 20 cm

Pasta de goma: 500 g aprox.

1 hoja de papel de azúcar o una oblea

Azúcar impalpable (azúcar glas) para espolvorear

Glasé real (véase la sección Recetas y técnicas, página 186)

Colorante alimentario en polvo blanco perlado

Purpurina comestible blanca

Pegamento comestible

Mantequilla

Materiales

Bandeja rígida para tartas de 25 cm de diámetro

Cuchillo largo de sierra

Mangas pasteleras

Boquilla redonda N° 2

Espátula scrap/recogedora

Plato giratorio para pasteles

Pincel de silicona para pastelería

Alisador/fratacho de fondant

Boquillas redondas y cuadradas pequeñas

Pincel y pincel brocha

Hojas plásticas flexibles para alisar el fondant

11 pilares plásticos (dowel)

4 bandejas finas de cartón de pastelería redondas de 7 cm, 10 cm, 15 cm y 20 cm

Rodillo

Cortador de copo de nieve pequeño, mediano y grande

Alambres de flores blanco grueso N° 20

Troquelador de papel de copo de nieve

PASO A PASO DE LA DECORACIÓN

Preparar las tartas cubriéndolas con ganache de chocolate negro para perfeccionarlas. Véase el procedimiento en la sección Recetas y técnicas, página 178.

Forrar la bandeja de 25 cm con fondant. Cubrir las tartas con fondant e insertar dentro de la tarta de 10 cm un pilar plástico en el centro; en la de 15 cm, 5 pilares: uno en el centro y cuatro en cruz; y en el piso de 20 cm , 5 pilares: uno en el centro y cuatro en cruz. Véase el procedimiento en la sección Recetas y técnicas, página 181. Pegar las tartas entre si con un poco de glasé real.

Pegar con un puntito de glasé real en cada piso alrededor de la base una cinta de raso color violeta y alrededor de la bandeja pegar una cinta violeta con lunares. Con una manga pastelera con una boquilla N° 2 hacer perlitas arriba de las cintas dejando unos 3 cm entre una perlita y otra (véase como hacer las perlitas en la sección Recetas y técnicas)

Para hacer los copos de nieve, sobre una superficie ligeramente engrasada con mantequilla estirar con el rodillo pasta de goma blanca de aproximadamente 2 mm de espesor y con los cortadores de copos de nieve cortar piezas de distintos tamaños, se necesitan aproximadamente 40 copos de nieve para decorar.

Con las boquillas redondas y cuadradas agujerear los copos de nieve para que queden calados, dejar secar en una superficie plana de un día para el otro. A 10 copos de nieve insertarles un alambre de flores blanco en el centro y dejarlos secar sobre una superficie plana durante 24 horas.

Una vez que los copos de nieve estén secos, pincelar unos 20 copos con mantequilla derretida y con una brocha pintarlos con el colorante alimentario en polvo perlado, quitando el excedente de polvo para que brillen. Los otros 20 pincelarlos con mantequilla derretida, poner purpurina comestible blanca sobre un plato y apoyar los copos de nieve para rebozarlos, como se ve en la foto.

Clavar los copos de nieve que están alambrados en el lateral de la tarta y los restantes pegarlos a la misma con unas gotitas de glasé real, como se ve en la foto.

Con el troquelador de papel de copo de nieve, cortar varias piezas con el papel de azúcar o con una oblea y pegarlos a la tarta con pegamento comestible.

Huevo de Pascua
con jacintos

Estos huevos de chocolate decorados con jacintos son fáciles de hacer y le dará a tu mesa de Pascua un estilo dulce y primaveral.

Ingredientes y materiales

350 g de chocolate con leche

Molde de huevo de Pascua

Termómetro

Espátula ancha scrap/recogedora

1 fórmula de glasé real (véase Recetas y técnicas, pág. 186)

Colorante alimentario en pasta color rosa y verde seco

Colorante alimentario en polvo bronce

Pasta de goma 100 g aprox.

Pegamento comestible

Cortador de jazmín y de florcita

Rodillo

Bolillo

Esteca cuchillo

Tapete de goma EVA con agujeros o esponja

Pincel y pincel brocha

Preparación

Para hacer el huevo de Pascua, primero hay que templar el chocolate para que quede estable y con brillo. Calentar el chocolate con leche a 40/42º C en microondas o al baño María a temperatura mínima. Volcar la mitad del chocolate sobre un mármol limpio y seco y, con la espátula scrap, extender y recoger el chocolate hasta que esté a 27º C (es preciso un termómetro para esto). Incorporarlo esta mitad al resto del chocolate y mezclar hasta que la temperatura esté en 30/31º C.

Para templar chocolate semiamargo: calentar el chocolate a 45/47º C, enfriar una parte a 29º C, incorporarlo al resto del chocolate y mezclar hasta alcanzar los 32/33º C.

Para templar chocolate blanco: calentar el chocolate a 40º C, enfriar una parte a 24/25º C,incorporarlo al resto del chocolate y mezclar hasta alcanzar los 27/28ºC.

Si no tienes una superficie de mármol para templar el chocolate, usa este otro método: derretir la mitad del chocolate semiamargo a 46 ºC, el chocolate con leche a 44 º C y el chocolate blanco a 43º C. Agregar poco a poco el resto del chocolate sin derretir y remover hasta que se derrita y alcance la temperatura de 32/33º C para el chocolate negro, 30/31º C para el chocolate con leche y 27/28º C para el chocolate blanco.

Una vez templado el chocolate elegido, agregarlo hasta la mitad del molde de huevo de Pascua y moverlo para que la cavidad quede cubierta. Dejar reposar 2 minutos y colocar los moldes boca abajo para retirar el excedente de chocolate, limpiar los bordes y dejar que endurezca. Antes de desmoldar los huevos llevarlos al congelador por 5 minutos. Una vez desmoldados, con un cuchillo arreglar los bordes y pincelarlos con un poco de chocolate derretido para unirlos entre si. Dejar secar y con el colorante en polvo bronce y la brocha pincelar todo el huevo.

PASO A PASO DE LA DECORACIÓN

Para hacer los jacintos abiertos: teñir pasta de goma en color rosa y verde seco. Hacer una bolita de 1 cm de diámetro de pasta de goma rosa, colocarla sobre un agujero del tapete de goma EVA y pasar el rodillo para afinar, retirar y apoyar sobre la mesa. Con el cortador de flor cortar la figura, volver a colocar la flor dentro del agujero del tapete de goma EVA. Afinar los pétalos con bolillo y, con el palito del pincel, hacer un agujero en el centro de la flor y curvar los pétalos hacia dentro. Hacer 14 flores para cada jacinto.

Para hacer los jacintos que aún no han abierto: hacer una bolita de 1 cm de diámetro de pasta de goma rosa; afinar un extremo dándole forma de gota y, con la esteca cuchillo, marcar una cruz sobre cada gota. Hacer 10 flores sin abrir por cada jacinto.

Para pegar las flores al huevo de pascua hacer dos óvalos de pasta de goma de 5 cm de largo y aplastarlos, pegarlos al huevo con pegamento comestible y pegar sobre el mismo las flores abiertas y las cerradas con el pegamento.

Para hacer las pequeñas florcitas: sobre una superficie untada con mantequilla estirar pasta de goma rosa hasta 2 mm de espesor y cortar las piezas necesarias con el cortador de florcita. Presionar con el pincel en el centro y pegarlas arriba del huevo pincelándolas con pegamento comestible.

Para hacer las hojas: estirar pasta de goma verde hasta 2 mm de espesor. Con la esteca cuchillo, cortar hojas alargadas y afinar sus bordes con el bollillo sobre el tapete de goma o esponja. Con el cuchillo, hacer marcas longitudinales para dibujar las nervaduras. Hacer un rollito de pasta muy fino y pegarlo como tallo en cada uno de los jacintos. Curvar un poco los extremos de las hojas y pegarlas al huevo.

Tarta de castañas
y marrons glacés

Esta es mi reinterpretación (o una receta "revisité", como dicen los franceses) del Mont Blanc: un pastel típico francés. Le he quitado la crema Chantilly para hacerlo más "Light", los merengues van aparte y la tarta es de castañas rellena de marrons glacés.

MARRONS GLACÉS

Ingredientes

1 kg de castañas
1 litro de agua
700 g de azúcar
2 palos de canela
8 estrellas de anís

Preparación

Cortar un poco la cáscara en la punta de las castañas. Ponerlas en una olla grande cubiertas con agua y hacerlas hervir durante 10 minutos. Apagar el fuego e ir sacando las castañas una a una, pelar la cáscara y luego quitarles la piel. Si mientras se pelan las castañas el agua se enfría, calentarla un poco ya que en frío es difícil quitarles la piel, pero no calentar el agua hasta que hierva para no quemarse los dedos mientras se pelan.

Una vez que se han pelado todas las castañas, preparar el almíbar. Poner en una olla grande un litro de agua, los 700 g de azúcar, la canela y el anís estrellado y dejarlo en el fuego durante 25 minutos a fuego bajo. Luego apagar el fuego, retirar los palos de canela y las estrellas de anís e incorporar las castañas al almíbar. Hervir 5 minutos, tapar la olla y dejar que se enfríe. Cuando se haya enfriado el almíbar, volver a poner la olla al fuego y, en cuanto rompa el hervor, dejar un par de minutos con la olla destapada. Apagar el fuego y tapar la olla. Cuando se enfríe nuevamente el almíbar, volver a calentar y repetir la misma operación 4 veces por día durante 2 días.

Usar una olla grande, no poner más de 1 kg de castañas en una olla porque si son muchas se chocarían entre sí y se romperían.

Una vez que ya estén listas, retirar las castañas del almíbar y disponerlas separadas unas de otras en una bandeja cubierta con papel de horno, y dejarlas secar otro día. Luego puedes poner los marrons glacés en una bandeja o dentro de cápsulas de petit fours si quieres presentarlos en una caja para regalar.

Tarta de castañas
y marrons glacés

TARTA DE CASTAÑAS

Ingredientes

150 g de azúcar.

160 g de mantequilla

1 cucharadita de esencia de vainilla

4 huevos

2 cucharadas de crema de castañas
(véase la receta en pág. 89)

150 g de harina

2 cucharaditas de polvo de hornear
(levadura)

Preparación

Batir el azúcar con la mantequilla y la esencia de vainilla e incorporar los huevos uno a uno batiendo bien. Agregar la crema de castañas y batir. Incorporar la harina mezclada con el polvo de hornear (levadura), tamizarla e incorporarla poco a poco mezclando.

Engrasar con mantequilla y enharinar un molde de bundt cake o un molde savarin, cubrir la base del molde con masa y disponer marrons glacés por encima y cubrirlos con el resto de la masa. Hornear a 180º C durante 50 minutos.

Tarta de castañas
y marrons glacés

CREMA DE CASTAÑAS

Ingredientes

400 g de castañas peladas

450 g de leche

130 g de azúcar

1 vaina de vainilla

7 cucharadas de crema de leche (nata)

3 cucharadas de ron

Preparación

Cortar un poco la cáscara en la punta de las castañas. Ponerlas en una olla grande cubiertas con agua y hacerlas hervir durante 10 minutos. Apagar el fuego e ir sacando las castañas una a una, pelar la cáscara y luego quitarles la piel.

En una olla, poner al fuego las castañas peladas, la leche, el azúcar y la vaina de vainilla cortada por la mitad, quitar las semillas y agregarlas a la olla. Cocinar todo por 40 minutos. Retirar del fuego, esperar que se enfríe un poco y poner todo en un mixer y triturar. Agregar la crema de leche (nata) y el ron y triturar hasta conseguir un puré. Esperar a que se enfríe antes de usar. Si el puré queda un poco duro agregar un poco más de ron o de crema de leche (nata).

Reservar 2 cucharadas de esta crema para hacer la tarta y el resto usarla para decorarla con la manga pastelera con la boquilla Nº 4 como se indica más adelante.

Tarta de castañas
y marrons glacés

MERENGUITOS

Ingredientes

100 g de clara de huevo

¼ de cucharadita de cremor tártaro

100 g de azúcar

90 g de azúcar impalpable
(azúcar glas)

10 g de maicena

Preparación

Batir las claras hasta que comiencen a espumar, agregar el cremor tártaro, incorporar el azúcar común poco a poco, batiendo a máxima velocidad por lo menos durante 15 minutos, o hasta que el merengue forme picos duros. Si lo desea, puede agregar en este paso colorante alimentario y batir hasta que el color quede uniforme.

Mezclar el azúcar impalpable (azúcar glas) con la maicena y tamizarlos. Incorporar poco a poco al merengue, mezclando suavemente a mano, con una espátula.

Cubrir una bandeja con papel de horno. Llenar una manga pastelera con boquilla redonda con el merengue. Ubicar la manga a 90° respecto de la bandeja y a 1 mm de distancia de la misma, presionar la manga sin moverla hasta que se forme una bola, dejar de presionar y retirar la manga. Cubrir toda la superficie de la bandeja de esta manera, haciendo siempre la misma presión para que salgan merenguitos del mismo tamaño.

Hornear a 90 °C durante 2 horas si se quieren los merengues secos. Estos se pueden conservar en un recipiente hermético más de un mes. Si se quieren merenguitos secos por fuera y tiernos por dentro, quitar la maicena de la receta y hornear durante 1 hora.

PASO A PASO DE LA DECORACIÓN

Ingredientes

30 g aprox. de pasta de goma amarilla

Colorante alimentario dorado en polvo

Bebida alcohólica blanca (Ej. vodka, ginebra)

Materiales

Rodillo

Pincel

Molde de silicona de hoja de acanto

Mangas pasteleras

Adaptadores de boquilla

Boquilla Nº 4

Boquilla Nº 10

Preparación

Llenar una manga con boquilla nº 4 con la crema de castañas y hacer líneas formando una U: comenzar en la parte superior de la tarta, bajar con la manga haciendo una curva y volver para terminar a la parte superior de la tarta. Para que las líneas no salgan torcidas siempre hay que hacerlas en el aire, como se ve en la foto.

Para hacer la hoja de acanto: estirar con un rodillo sobre una superficie ligeramente engrasada con mantequilla la pasta de goma amarilla de 2 mm de espesor, colocar la pasta sobre el molde de silicona y presionar con los dedos para que se marque bien. Pasar el rodillo por encima y retirar. Recortar con una tijera y dejar secar de forma levemente curvada.

Mezclar el colorante en polvo dorado con un poco de la bebida alcohólica y pintar toda la hoja.

Disponer en el centro de la tarta un marron glacé y la hoja de acanto dorada. Colocar los merengues alrededor de la tarta.

Gianduja
cupcakes

Olvídate de los cupcakes tradicionales, aquí los he reinventado como un postre de alta pastelería. La gianduja es una delicatessen italiana, se podría decir que es la pariente chic de las cremas de avellana y chocolate que se venden envasadas y aquí tienes la receta para hacerla de forma natural y usarla en estos cupcakes gourmet, que además pueden ser consumidos por celíacos.

CUPCAKES DE GIANDUJA

Ingredientes

170 g de mantequilla
110 g de azúcar moreno
3 huevos, separados
150 g de chocolate negro
165 g de avellanas crudas molidas
50 g de maicena
40 g de azúcar

Preparación

Batir la mantequilla a temperatura ambiente con el azúcar moreno. Incorporar las yemas y batir bien hasta que la mezcla esté cremosa.

Derretir el chocolate en el microondas a temperatura mínima o al baño María e incorporarlo a la preparación, mezclar bien.

Mezclar las avellanas finamente molidas con la maicena tamizada e incorporar esto a la preparación anterior, mezclando hasta que esté todo integrado.

Batir las claras hasta que espumen y agregarle los 40 g de azúcar, seguir batiendo hasta formar un merengue. Incorporarlo a la preparación mezclando suavemente con una espátula.

Poner la masa en los moldes de cupcakes y hornear a 170º C durante 30 minutos. Debido al chocolate y al aceite de las avellanas dará la impresión de no estar completamente cocido cuando está caliente, solo hay que esperar que se enfríe totalmente.

Gianduja
cupcakes

CREMA DE GIANDUJA

Esta crema se usará como base para la preparación del ganache de los cupcakes, pero también puedes consumirla para untarla en panes, galletitas o en cualquier otra preparación. Se conserva en la nevera por más de 2 semanas.

Ingredientes

100 g de azúcar
100 g de avellanas tostadas
150 g de chocolate negro (entre 52% y 60% de cacao)
150 g de chocolate con leche
150 g de leche entera
50 g de mantequilla

Preparación

Si las avellanas están crudas, hay que tostarlas. Para esto, precalentar el horno a 150 °C poner las avellanas en una bandeja y hornearlas durante 30 minutos, moviéndolas un par de veces para que se tuesten de ambos lados.

Mezclar el azúcar y las avellanas tostadas y triturarlas juntas muy bien, con un mixer, hasta formar una pasta suave. Colocar en un bol el chocolate semiamargo y el chocolate con leche, la leche y la mantequilla y derretir en microondas a temperatura mínima o al baño María. Retirar, mezclar bien e incorporarle la pasta de avellanas del paso anterior. Dejar que se enfríe antes de usar.

GANACHE DE GIANDUJA

Ingredientes

600 g de chocolate con leche
90 g de crema de leche (nata)
100 g de crema de gianduja

Preparación

Derretir el chocolate en microondas a temperatura mínima durante 3 o 4 minutos, o al baño María. Calentar la crema hasta que hierva, remover para enfriarla un poco antes de incorporarla al chocolate. Batir el chocolate con la crema hasta que estén bien unidos, agregar la crema de gianduja y continuar batiendo hasta que la mezcla adquiera una textura lisa y brillante. Dejar reposar a temperatura ambiente por lo menos 7 horas, luego batir la crema para montarla y usarla para hacer el frosting de los cupcakes.

Gianduja
cupcakes

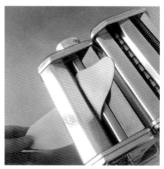

Materiales

Rodillo
Cuchillo
Maquina de hacer pasta (opcional)
Pincel
Manga pastelera
Boquilla rizada grande

Ingredientes

50 g de pasta de goma rosa
Perlas de azúcar
Pegamento comestible

PASO A PASO DE LA DECORACIÓN

Llenar con el ganache una manga pastelera con una boquilla rizada grande, realizar un trazo desde el exterior del cupcake hacia el centro en forma de espiral, al terminar dejar de apretar y retirar la manga.

Para hacer los lacitos que decoran los cupcakes, estirar con un rodillo sobre una superficie ligeramente engrasada con mantequilla pasta de goma rosa de 1 mm de espesor y con una cuchilla cortar tiras muy finas de 2 mm de ancho. Si se tiene una máquina de hacer pasta, estirar la pasta de goma y pasarla por el accesorio de hacer espaguetis, de esta forma se sacarán las tiras de forma fácil y rápida.

Cortar cintas de 14 cm de largo, hacer una lazada hacia la izquierda y luego otra también hacia la izquierda y presionar en el centro, con pegamento comestible pegar una perlita de azúcar en el centro, dejar secar 1 hora y adherirlos en la punta de cada cupcake.

Banana butterscotch
minicakes

Estas minicakes son super húmedas y deliciosas, ideales como postre individual o para una mesa dulce o un tea party. También se puede hacer con un molde grande Savarin.

BANANA BUTTERSCOTCH MINICAKES

Ingredientes

140 g de mantequilla

100 g de azúcar

3 huevos, separados

2 bananas, pisadas

2 cucharadas de caramelo

80 g de harina

2 cucharaditas de polvo de hornear (levadura)

1 pizca de sal

Preparación

Batir la mantequilla con el azúcar hasta que blanquee, incorporar las yemas de huevo y batir. Agregar las bananas pisadas y las dos cucharadas de caramelo (véase la receta en pág. 103) y mezclar. Mezclar la harina, el polvo de hornear (levadura) y la sal y tamizarlos, incorporar a la preparación. Batir las claras a punto de nieve y agregarlas mezclando con una espátula con movimientos suaves y envolventes. Untar con mantequilla y enharinar los mini moldes y hornear durante 20 a 30 minutos a 180° C. Si se hace la tarta en un molde Savarin grande hornear durante 50 minutos aproximadamente a la misma temperatura.

Banana butterscotch
minicakes

BAÑO DE CARAMELO

Ingredientes

270 g de crema de leche (nata)

540 g de azúcar

210 g de mantequilla, cortada en dados

Preparación

Hacer hervir la crema de leche (nata) y reservar. Poner una olla grande al fuego con el azúcar y remover. Cuando el azúcar comience a caramelizar, mezclar constantemente con una cuchara de metal hasta que ésta se disuelva y se forme un caramelo líquido. Bajar el fuego al mínimo e incorporar la crema de leche muy caliente, poco a poco y removiendo constantemente hasta que el caramelo esté fluido. Al agregar la crema de leche se hará una fuerte ebullición, tener precaución de no quemarse. Si la crema de leche (nata) se incorpora de golpe o fría, el caramelo se endurecerá.

Verter el caramelo en un bol metálico o de loza (no de plástico porque se derretiría) e incorporar la mantequilla cortada en dados, batiendo con batidora hasta que esté integrada.

Usar para bañar las minicakes. Este caramelo se puede conservar varias semanas guardado en un frasco de vidrio cerrado, para usarlo como baño de tartas solo hay que calentarlo un poco para que esté fluido.

Reservar dos cucharadas de caramelo para la masa de las minicakes.

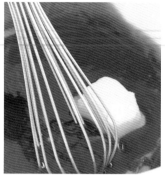

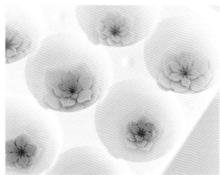

Ingredientes y materiales

Pasta de goma rosa 50 g aprox.

Colorante alimentario en polvo fucsia

Cortador de petunia

Bolillo

Rodillo

Esteca estriada

Huevera de plástico

PASO A PASO DE LA DECORACIÓN

Para hacer las flores rosas: estirar con un rodillo pasta de goma color rosa de 2 mm de espesor, sobre una superficie ligeramente untada con mantequilla. Con tres cortantes de flores cortar una pieza de cada una. Afinar los pétalos con un bolillo y pegarlas pincelando el centro con un poco de pegamento comestible, superpuestas de mayor a menor y con una esteca estriada marcar el centro.

Dejar las flores secándose dentro de una huevera de plástico durante un par de horas y para pintar el centro tomar con un pincel un poco de colorante en polvo fucsia, quitar el exceso en un papel de cocina y pincelar el centro de cada flor. Apoyarlas sobre las minicakes.

Amapolas
tarta de naranja con semillas de amapola

Este diseño está inspirado en los campos de trigo y amapolas que florecen en primavera en el lugar que vivo y donde disfruto tanto organizando picnics en los campos cubiertos de flores. Con esta tarta te lucirás en cualquier celebración en el campo o en una fiesta al fresco en el jardín.

TARTA DE NARANJA Y SEMILLAS DE AMAPOLA

Ingredientes
(Para un molde de 15 cm y otro de 10 cm)

335 g de mantequilla

335 g de azúcar

5 huevos

Ralladura de 2 naranjas

40 g de semillas de amapola

390 g de harina

200 g de maicena

4 cucharaditas de polvo de hornear (levadura)

140 g de jugo/zumo de naranja colado

Preparación

Batir la mantequilla a temperatura ambiente con el azúcar hasta que esté cremosa, agregar los huevos uno a uno y batir bien. Incorporar la ralladura de naranja y las semillas de amapola y batir.

Tamizar la harina, la maicena y el polvo de hornear dos veces, incorporar en tres tandas alternando con el zumo de naranjas.

Engrasar un molde de 24 cm con mantequilla y enharinarlo, verter la mezcla y cocinar a 180 grados durante 55 minutos aproximadamente.

Amapolas
tarta de naranja con semillas de amapola

ALMÍBAR DE NARANJA

Ingredientes

100 g de azúcar
200 g de zumo de naranja

Preparación

Poner en una olla el azúcar, cubrirla con el zumo de naranja, mezclar y llevar a ebullición, cuando empiece a hervir retirar del fuego. Si no se usa enseguida, conservar en la nevera en un recipiente cerrado hasta el momento de bañar la tarta.

CREMA DE NARANJA

Ingredientes

250 g de zumo de naranja exprimido + 6 cucharadas extra, para hidratar la gelatina
500 ml de leche
60 g de maicena
300 g de azúcar
2 sobres de gelatina en polvo neutra

Preparación

Mezclar el zumo de naranja con la leche. Separar unas cucharadas de zumo y mezclarlas con la maicena hasta disolver todos los grumos, incorporar todo en una olla y cocinar a fuego máximo hasta que hierva, removiendo constantemente. Cuando comience la ebullición bajar el fuego al mínimo y hacer hervir durante 3 minutos removiendo constantemente.

Retirar, incorporar la gelatina, previamente hidratada con las 6 cucharadas de zumo de naranjas y mezclar hasta que se integre. Dejar enfriar un mínimo de 6 horas en la nevera y luego montar con batidora eléctrica antes de rellenar las tartas.

Cortar las tartas en tres capas, humedecer cada capa generosamente con el almíbar de naranja y rellenarlas con la crema de naranja. Llevar a la nevera por lo menos durante 4 horas antes de hacer el ganache para perfeccionarlas antes del forrado con fondant, tal como se indica en página 178.

PASO A PASO DE LA DECORACIÓN

Ingredientes

Fondant blanco: 300 g para el piso de 10 cm y 600 g para el piso de 15 cm

Colorante alimentario en pasta rojo, naranja, blanco y verde seco

Pasta de goma: 300 g aprox.

Pegamento comestible

Azúcar impalpable (azúcar glas) para espolvorear

Glasé real (véase la sección Recetas y técnicas, página 186)

Preparar las tartas cubriéndolas con ganache de chocolate blanco o negro para perfeccionarlas. Véase el procedimiento en la sección Recetas y técnicas, página 178.

Cubrir las tartas con fondant e insertar dentro de la tarta de 15 cm un pilar plástico en el centro. Véase el procedimiento en la sección Recetas y técnicas, página 181. Pegarlas entre sí con un poco de glasé real.

Para pintar la tarta, mezclar en un bol colorante en pasta rojo con colorante naranja y agregarle una pizca de colorante blanco y unas gotas de agua, la pintura debe estar bastante líquida para crear el efecto acuarela. Con el pincel plano de cerdas duras (no sirven los de cerdas suaves) tomar un poco de colorante y tocar suavemente con la punta del pincel sobre la tarta, como se muestra en la foto. Hacer manchas irregulares y dejar espacios en blanco, donde se repetirá el mismo procedimiento con el colorante verde seco mezclado con un poco de blanco. Finalmente preparar un rojo naranja más oscuro y acentuar algunas de las manchas rojas. Dejar secar por lo menos durante 8 horas.

Para hacer las trenzas verdes que decoran la tarta superior, teñir pasta de goma con una pequeña cantidad de colorante verde seco. Estirar con un rodillo sobre una superficie ligeramente engrasada con mantequilla la pasta de goma verde hasta 1 mm de espesor y con una cuchilla cortar tiras muy finas de 2 mm de ancho. Si se tiene una máquina de hacer pasta, estirar la pasta de goma y pasarla por el accesorio de hacer espaguetis, de esta forma se sacarán las tiras de forma fácil y rápida.

Cortar cintas de 16 cm de largo y con tres cintas hacer una trenza como se muestra en la foto, cortarla del alto de la tarta y pegarla a la misma con pegamento comestible. Pegarlas alternando una trenza completa y una hasta la mitad de la tarta. Se necesitan 3 trenzas completas y 3 por la mitad.

Para hacer el centro de las amapolas, cortar un alambre N° 18 de 8 cm de largo. Hacer una bolita de 1,5 cm de diámetro, afinarla en un extremo e insertar el alambre humedecido con pegamento comestible. Con las pinzas pellizcar la pasta en la parte superior, como se ve en la foto y clavarle alrededor los estambres negros.

PASO A PASO DE LA DECORACIÓN

Materiales

Cuchillo largo de sierra

Manga pastelera

Espátula scrap

Plato giratorio para pasteles

Pincel de silicona para pastelería

Pincel y pincel plano de cerdas duras

Alisador de fondant

Hojas plásticas flexibles para alisar el fondant

1 pilar plástico (dowel)

2 bandejas finas de cartón de pastelería redondas de 15 y 10 cm

Rodillo

Esteca plástica de cuchillo

Bolillo grande

Tapete grueso de goma EVA (flower pad)

Cortador de pétalo de rosa

Texturizador de pétalo de amapola

Estambres negros

Pinzas

Alambres de flores grueso Nº 18

Papel de aluminio

Cuchilla o máquina de hacer pasta (opcional)

Teñir pasta de goma con el colorante rojo y un poco de naranja. Sobre una superficie ligeramente engrasada con mantequilla estirar con un rodillo la pasta de aproximadamente 2 mm de espesor. Con el cortador de pétalo de rosa, cortar 5 piezas y cubrirlas con una bolsa plástica para que no se sequen mientras no se usan. Sobre el tapete de goma EVA, afinar los bordes con un bolillo, solo los bordes, no tocar la parte interna del pétalo.

Marcar las nervaduras de cada pétalo con el texturizador de pétalo de amapola y darle un poco de curvatura con los dedos. Disponerlos sobre un formador de flores (véase la sección Recetas y técnicas, página 183), pegándolos con pegamento comestible levemente superpuestos unos con otros.

Pincelar con un poco de pegamento comestible el centro de la amapola e insertar el alambre con el centro, ajustando con un pellizco en la parte posterior de la flor para que no se salga del alambre. Dejar secar varias horas. Hacer 2 flores y pincharlas en la tarta, como se ve en la foto.

Estirar, cortar y afinar pequeños pétalos para pegarlos sobre las trenzas verdes que llegan solo hasta la mitad de la tarta.

Árboles de Navidad
chocolate chip cookies

Estas cookies con chispas de chocolate son rápidas, muy fáciles de hacer y también son una elección perfecta para que los niños ayuden a elaborarlas.

Ingredientes
(para 20 galletas aprox.)

250 g de manteca (mantequilla)
100 g de azúcar
2 yemas de huevo
400 g de harina
1 cucharadita de esencia de vainilla

Preparación
Batir la manteca (mantequilla) con el azúcar hasta que blanquee, incorporar las yemas y la vainilla y batir. Agregar la harina tamizada mezclando y luego amasar.

Envolver la masa con film plástico y dejarla reposar durante 1 hora en la nevera.

PASO A PASO DE LA DECORACIÓN

Ingredientes
150 g aprox. de gotas de chocolate con leche

Colorante en pasta alimentario color verde seco y fucsia

50 g aprox. de pasta de goma

Pegamento comestible

Materiales
Rodillo con aros o con 2 guías de plástico de 4 mm
Cortador de árbol de Navidad
Cortador de estrellita y de hoja pequeña
Esteca de cuchillo
Pincel

Árboles de Navidad
chocolate chip cookies

PASO A PASO DE LA DECORACIÓN

Para hacer las galletas árbol de Navidad, amasar la masa fría y estirarla con el rodillo con aros o con 2 varillas (para que la pasta quede nivelada) sobre una superficie espolvoreada con harina, colocando un papel de horno (véase la sección Recetas y técnicas, página 185). Cortar las cookies con el cortador del árbol de Navidad, poner las galletas en la bandeja donde se van a hornear y disponer encima las gotas de chocolate haciendo una leve presión. Hornear durante 10 minutos a 180º C

Dividir la pasta de goma en 3 partes, con el colorante alimentario en pasta verde seco teñir una parte de la pasta de goma de color verde muy claro, otra parte teñirla con el colorante alimentario fucsia y dejar blanca la parte restante.

Sobre una superficie ligeramente engrasada con mantequilla, estirar con el rodillo la pasta de goma verde claro de aproximadamente 2 mm de espesor y cortar 2 hojitas por cada árbol de Navidad, con la esteca de cuchillo hacer una marca en el centro de cada hoja y pegarlas con pegamento comestible en la base de cada árbol.

Con la pasta de goma fucsia amasar 3 bolitas del tamaño de la cabeza de un alfiler de perla y pegarlas en la base de las hojas, como se ve en la foto.

Sobre una superficie ligeramente engrasada con mantequilla , estirar con el rodillo la pasta de goma blanca de aproximadamente 2 mm de espesor y cortar una estrellita por árbol, pegarla con pegamento comestible en la punta del árbol.

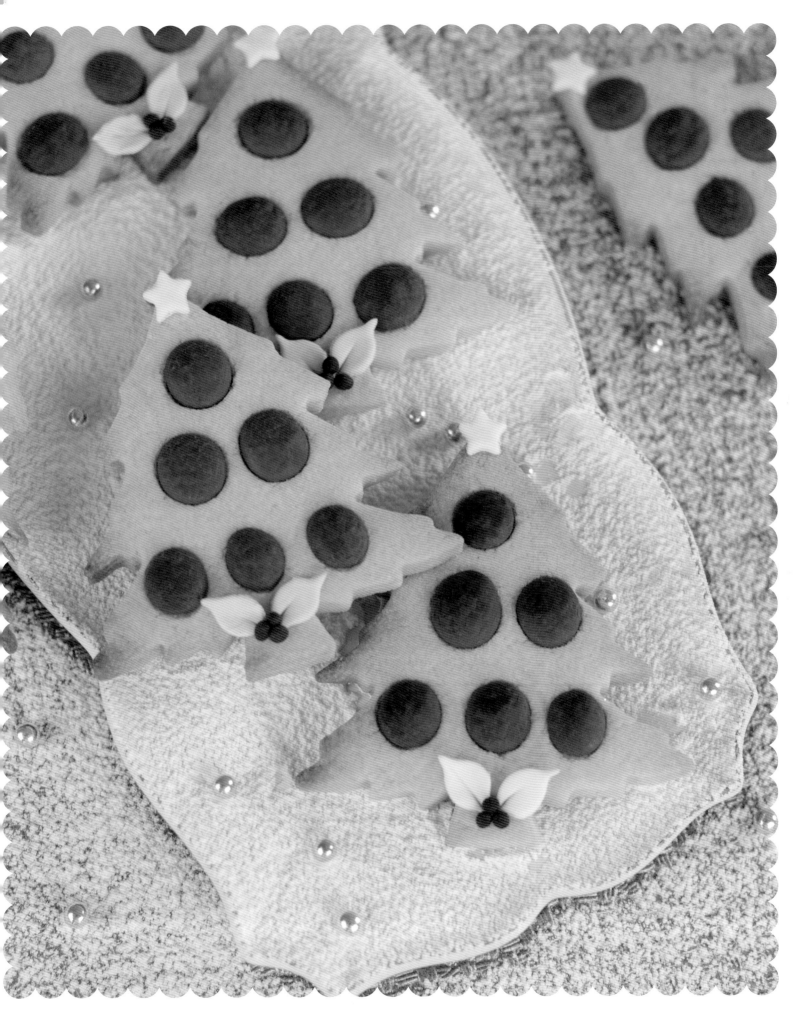

Gold Christmas
estencil cookies

Estas lujosas cookies de Navidad doradas son realmente impactantes y a su vez fáciles de hacer utilizando un estencil y glasé real color turquesa.

Ingredientes

4 galletas "Árbol de Navidad", 4 "Galletas adorno navideño" y 6 galletas "Copo de nieve" hechas con 2 fórmulas de la receta de masa para galletas de vainilla (véase la sección Recetas y técnicas, página 185)

3 fórmulas de glasé real (véase la sección Recetas y técnicas, página 186)

Colorante en pasta alimentario color beige y turquesa

Colorante en polvo alimentario color oro

Una bebida alcohólica blanca (ej. vodka o tequila)

Mantequilla

Materiales

Cortadores de árbol de Navidad, adorno navideño y copos de nieve

Mangas pasteleras

Adaptadores plásticos de boquillas

Boquilla redonda lisa Nº 3

Boquilla redonda lisa Nº 2

Biberón plástico o manga pastelera

Pincel y pincel brocha

Plantilla de estencil de damasco y de copo de nieve

Espátula

Gold Christmas
estencil cookies

PASO A PASO DE LA DECORACIÓN

Para hacer las galletas, estirar y cortar la masa siguiendo las instrucciones de la sección Recetas y técnicas. Cortar las piezas de cada modelo y hornear durante 10 minutos a 180º C.

Teñir 2 fórmulas de glasé real con el colorante beige. Para glasear la galleta con una manga pastelera con glasé real para escribir color beige y una boquilla Nº 3 realizar el contorno de las cookies (véase la sección Recetas y técnicas, página 187).

Hacer glasé fluido beige (véase la sección Recetas y técnicas, página 187) y con un biberón o una manga pastelera rellenar toda la superficie de las galletas. Dejar secar 24 horas.

Para pintar las galletas de color oro, derretir manteca (mantequilla) y pincelar la superficie glaseada de la galleta, con papel de cocina retirar el excedente, que la galleta quede apenas engrasada. Con una brocha gruesa pincelar generosamente con el colorante en polvo dorado hasta quitar todo el excedente, que no quede nada de polvo ya que si no no brillaría lo suficiente.

Dejar algunas galletas sin dorar de color beige.

Gold Christmas
estencil cookies

PASO A PASO DE LA DECORACIÓN

Para hacer el diseño con el estencil, preparar glasé real de punto fuerte (véase la sección Recetas y técnicas). Dividirla en dos y teñir una parte de color turquesa y dejar la otra parte en blanco.

Para hacer el diseño sobre las galletas doradas, usar el glasé real color turquesa. Colocar la plantilla del estencil sobre la galleta sosteniéndola firmemente con la mano, ésta no tiene que moverse para que el dibujo salga claro. Con una espátula colocar encima una pequeña cantidad de glasé y distribuirlo cubriendo toda la plantilla. Volver a pasar la espátula para que la superficie quede lisa y quitar el excedente de glasé. Levantar con cuidado con las dos manos la plantilla sin mover hacia los lados al despegarla, para que el diseño salga limpio.

Para que el diseño del esténcil salga claro no hay que mover la plantilla en ningún momento. No obstante si alguna línea no queda limpia porque se ha movido, se puede corregir quitando el excedente con un palillo.

Para hacer el diseño con el esténcil de las galletas beige, usar glasé real color blanco, repetir el mismo procedimiento explicado anteriormente. Dejar secar un par de horas. Mezclar el colorante en polvo dorado con la bebida alcohólica blanca hasta obtener la textura de una pintura y con un pincel fino pintar la superficie en relieve que dejó el estencil.

Con una manga pastelera con una boquilla Nº 2 y glasé real color turquesa hacer gotitas y perlas (véase en la sección Recetas y técnicas, página 188).

Navidad
mesa dulce

Navidad es la época perfecta para sorprender e ilusionar a todos con dulces deliciosos, maravillosamente decorados. En las mesas dulces nunca deben faltar sabores para los mayores y también para los más pequeños de la casa.

TARTA NOUGAT

Ingredientes
(Para un molde 22 cm)

1 ½ fórmulas de esta receta para hacer esta tarta con 2 moldes de 20 cm y 15 cm

240 g de mantequilla

240 g de azúcar moreno

4 huevos, separados

1 cucharadita de esencia de vainilla

4 cucharadas de ron

500 g de harina

4 cucharaditas de polvo de hornear (levadura)

130 g nueces molidas

200 g de leche

100 g de azúcar

Preparación

Batir la mantequilla con el azúcar negro (azúcar moreno)hasta que esté cremosa. Incorporar las yemas, la esencia de vainilla y el ron, batir bien. Mezclar la harina con el polvo de hornear (levadura) y tamizar, mezclar con las nueces molidas. Incorporar la harina con las nueces en tres tandas, alternando con la leche.

Comenzar a montar las claras y cuando espumen agregar el azúcar y batir hasta lograr un merengue que haga picos, incorporar a la preparación mezclando con una espátula con movimientos suaves y envolventes.

Engrasar el molde con mantequilla y enharinarlo. Verter la mezcla y hornear a 180° C durante 55 minutos aproximadamente.

Navidad
mesa dulce

ALMÍBAR DE RON

Ingredientes

150 g de azúcar

150 g de ron

100 g de agua

Preparación

Poner en una olla el azúcar, cubrirla con el ron y el agua, mezclar y llevar a ebullición, cuando empiece a hervir retirar del fuego. Si no se usa enseguida, conservar en la nevera en un recipiente cerrado hasta el momento de bañar la tarta.

CREMA DE NUECES

Ingredientes

150 g de nueces

6 cucharadas de ron

300 g de chocolate negro (entre 52% y 60% de cacao)

150 g de crema de leche (nata)

180 g de dulce de leche

Preparación

Triturar las nueces junto con el ron con un mixer hasta lograr una pasta suave y reservar. Derretir el chocolate al microondas a temperatura mínima por aproximadamente 4 minutos, o al baño María. Calentar la crema de leche (nata) hasta que hierva, remover para que se enfríe un poco y agregarla al chocolate, batir con batidora hasta lograr una crema lisa y brillante, incorporar el dulce de leche y la pasta de nueces con ron y batir. Dejar reposar a temperatura ambiente por lo menos durante 8 horas y volver a batir. Dependiendo del porcentaje de cacao del chocolate (el usado en esta receta es del 52 %), si fuera mayor, la crema podría quedar un poco dura, si esto ocurre agregar un poco de crema de leche (nata) o ron mientras se bate hasta lograr la textura ideal de crema. Cortar la tarta en capas, humedecerlas con el almíbar de ron y rellenarla con la crema de nueces.

Navidad
mesa dulce

COOKIES CORONA DE MUÉRDAGOS

Ingredientes

1 fórmula de la receta de galletas de coco y 1 de pistacho (véase la receta en la sección: Recetas y técnicas)

Esencia de coco y de pistacho

Colorante en pasta alimentario color verde seco y verde eucalipto

10 g de fondant rojo

Pegamento comestible

Materiales

Rodillo

Cortador de hoja de muérdago

Esteca plástica de cuchillo

Preparación

Preparar la masa de las galletas, dividirla en tres y teñir la masa con unas gotas de colorante en pasta, una parte de color verde seco claro, otra parte verde seco oscuro y la otra verde eucalipto. Estirar la masa con el rodillo y con el cortador de muérdago cortar las piezas necesarias. Disponerlas en una bandeja cubierta con papel de horno y, con la esteca cuchillo, hacer una marca en el centro de la hoja de muérdago y dos marcas de cada lado a modo de nervaduras.

El horneado de las galletas de colores es especial, no deben dorarse porque se arruinaría el efecto del color. Para ello hay que hacer una doble cocción. Hornear a 180º C unos 3 minutos, retirar la bandeja del horno, dejar que las galletas se enfríen durante 5 minutos y volver a hornearlas durante unos minutos más. Este tipo de galletas no tiene un tiempo exacto de cocción, hay que ir mirando, cuando pierdan el brillo ya están cocidas.

Una vez frías disponerlas sobre un plato en forma de corona navideña, como se muestra en la foto. Amasar pequeñas bolitas de fondant rojo y pegarlas en la punta de algunas hojas con pegamento comestible.

MINI CAKES DE PIÑA COLADA

Ingredientes y materiales

160 g de mantequilla

290 g de azúcar

4 huevos

1 cucharadita de esencia de coco

340 g de harina

4 cucharaditas de polvo de hornear (levadura)

160 g de ron 160

70 g de coco rallado

110 g de piña o ananá

Molde de silicona de canelés o mini cakes

Glaseado de chocolate blanco

Ingredientes

300 g de chocolate blanco

4 cucharadas de ron (caliente)

1 cucharadita de esencia de coco

30 g de manteca de cacao (opcional)

Preparación

Derretir el chocolate en el microondas a temperatura mínima, calentar el ron e incorporarlo al chocolate junto con la esencia de coco, batir y usar inmediatamente para bañar las mini cakes. Si el chocolate no estuviera lo suficientemente fluido agregar la manteca de cacao derretida o un poco de leche caliente (pero no hirviendo)

Preparación

Batir la mantequilla con el azúcar hasta que esté cremosa. Agregar los huevos y la esencia de coco y batir. Agregar el coco rallado y batir. Mezclar la harina con el polvo de hornear (levadura) y tamizar. Incorporar la harina alternando con el ron y mezclar. Incorporar la piña o ananá en trocitos pequeños y mezclar.

Engrasar con mantequilla los moldes y verter la preparación. Hornear entre 20 y 30 minutos a 180º C. Si se quiere hacer en un molde grande usar uno de 22 cm y hornear a 180º C durante 55 minutos aproximadamente.

COOKIES CABALLITO DE PALO

Materiales

Cortador de galletas de caballito de palo

Adaptadores plásticos de boquillas

Boquilla redonda Nº 3

Boquilla redonda Nº 2

Biberón plástico o manga pastelera

Pajitas de cartón rayadas

Pinceles

Tijeras

Cinta de tela

Ingredientes

12 cookies "caballito de palo" hechas con 1 fórmula de la receta de masa para galletas de vainilla (véase la sección Recetas y técnicas, página 185)

2 fórmulas de Glasé Real (véase la sección Recetas y técnicas, página 186)

Colorante en pasta alimentario color rojo, beige y verde eucalipto

Colorante alimentario en polvo color rosa y dorado

Una pequeña cantidad de una bebida alcohólica blanca (ej. vodka, ginebra)

Non pareils blancos (mini perlitas de azúcar) o azúcar blanca

Rotulador de tinta alimentaria color negro (o colorante negro y un palillo)

PASO A PASO DE LA DECORACIÓN

Para hacer las galletas, estirar la masa con un rodillo y cortar con el cortador las piezas necesarias. Disponerlas en la bandeja donde se van a hornear y recién allí insertar la pajita de papel aplastando bien uno de sus extremos para que quede plano y se pueda introducir en el centro de la galleta, hacer una leve presión en el lugar por donde entra para fijarlo y que la galleta no se mueva. Hornearlas durante 10 minutos a 180º C.

Para glasear las galletas con una manga pastelera con glasé real para escribir color blanco y una boquilla Nº 3 realizar el contorno correspondiente al cuerpo del caballito. Con glasé color rojo y una boquilla Nº 3 hacer el gorro y el faldón y con glasé color beige para algunos y verde eucalipto para otros, delinear la parte correspondiente a las crines. Véase como hacer el delineado en la sección Recetas y técnicas, página 188.

Hacer glasé fluido color blanco (véase la sección Recetas y técnicas, página 187) y con un biberón o una manga pastelera rellenar toda la superficie del cuerpo del caballito. Con glasé fluido rojo rellenar el gorro y el faldón y con glasé fluido color beige y verde eucalipto, rellenar la parte correspondiente a las crines. Dejar secar 24 horas.

Una vez que las galletas estén secas con una manga pastelera con una boquilla Nº 3 y glasé real blanco, trazar una línea en la base del faldón rojo del caballito y apoyarlo inmediata mente en un plato cubierto con nonpareils o azúcar blanca, hacer una línea en la base del gorro rojo y una perla en la punta del gorro y apoyarlo sobre los nonpareils o el azúcar blanca. Repetir esta operación con todas las galletas.

Con glasé real rojo en una manga con una boquilla Nº 2 hacer una línea en la parte superior del faldón rojo y con glasé real beige o verde eucalipto en una manga con una boquilla Nº 2 hacer líneas en diagonal en la parte correspondiente a las crines, como se ve en la foto. Dejar secar 1 hora.

Con el rotulador de tinta alimentaria negra o con un palillo con un poco de colorante negro, dibujar el ojo. Para colorear las mejillas, tomar con un pincel pequeño un poco de colorante en polvo rosa, quitar todo el excedente sobre un papel de cocina y pintar un pequeño círculo rosa. Con el colorante en polvo rosa y un poco de una bebida alcohólica blanca hacer una pintura y con un pincel fino pintar el interior de las orejas. Con el colorante en polvo dorado diluido en una bebida alcohólica pintar con un pincel muy fino puntitos sobre el cuerpo de los caballitos. Para terminar atar una cinta con un lazo en la base de cada caballito.

CUPCAKES DE VAINILLA Y CHOCOLATE BLANCO

Ingredientes

150 g de mantequilla

110 g de azúcar impalpable (azúcar glas)

3 huevos, separados

1 cucharadita de esencia de vainilla

70 g de harina

40 g de maicena

1 cucharadita de polvo de hornear (levadura)

50 g de chocolate blanco picado muy fino y frío

Preparación

Batir la mantequilla con el azúcar hasta que este cremosa, agregar las yemas de los huevos y seguir batiendo, incorporar la esencia de vainilla. Tamizar juntos la harina, la maicena y el polvo de hornear (levadura) y agregar a la preparación anterior. Agregar el chocolate picado muy fino y frío. Montar las claras a punto de nieve e incorporarlas mezclando suavemente.

Llenar los moldes de los cupcakes hasta la ¾ parte y hornear a 180º C durante 20 minutos.

PASO A PASO DE LA DECORACIÓN

Ingredientes

Fondant blanco: 200 g para la bandeja, 600 g para el piso de 15 cm y 750 g para el de 20 cm

Pasta de goma blanca: 100 g aprox.

Colorante alimentario en pasta rojo y verde seco

2 hojas de papel de azúcar

1 cucurucho

Azúcar impalpable (azúcar glas) para espolvorear

Glasé real (véase la sección Recetas y técnicas, página 186)

Colorante alimentario en polvo blanco perlado

Pegamento comestible

Mantequilla

Non pareils (pequeñas perlitas de azúcar) o azúcar blanca

Materiales

Plato con pedestal (cake stand), idealmente 5 cm mayor al diámetro de la tarta de abajo.

2 bandejas finas de cartón de pastelería redondas de 15 cm y 20 cm

Círculo de telgopor (porexpán) de 6 cm de diámetro x 3 cm de alto

Rodillo

Cuchillo largo de sierra

Mangas pasteleras

Espátula scrap/recogedora

Plato giratorio para pasteles

Pincel de silicona para pastelería

Alisador/fratacho de fondant

Boquilla de hoja

Pincel y pincel brocha

Hojas plásticas flexibles para alisar el fondant

5 pilares plásticos (dowels)

Esteca plástica de cuchillo

Cortador de hoja de muérdago pequeña

Cortador de copo de nieve pequeño

Troquelador de papel de copo de nieve pequeño y grande

Cortador de círculo

Paso a paso de la decoración

Preparar las tartas cubriéndolas con ganache de chocolate para perfeccionarlas. Véase el procedimiento en la sección Recetas y técnicas, página 178 .

Estirar fondant blanco y cortar un círculo que sobresalga 12 cm del plato con pedestal y con la esteca cuchillo cortar el borde con ondas para crear el efecto de la nieve cayendo del plato, como se puede ver en la foto, tomar el fondant estirado y apoyarlo sobre el cake stand dejando que caiga.

Cubrir las tartas con fondant e insertar dentro de la tarta de 20 cm los 5 pilares, uno en el centro y cuatro en cruz. Véase el procedimiento en la sección Recetas y técnicas, página 181. Pegar las tartas entre si con un poco de glasé real. Forrar con fondant también la base de telgopor (porexpán).

Para hacer el árbol de Navidad, rellenar el cucurucho con 50 g de chocolate derretido y 50 g de dulce de leche mezclados y bien batidos. Dejar que el relleno se endurezca un poco dejando el cucurucho boca arriba durante 45 minutos en la nevera y pegarlo a la base de tergopol (porexpán) con un poco de glasé real.

Batir un poco de glasé real con 1 cucharada de mantequilla derretida, esto hará que el glasé no se endurezca y se pueda comer el árbol de Navidad, incorporarlo a una manga con una boquilla de hoja y comenzar a hacer las hojas desde la base del cucurucho hacia arriba, como se ve en la foto (véase como hacer hojas de glasé real en la sección Recetas y técnicas, página 188).

Hacer 6 copos de nieve de pasta de goma para decorar el árbol, sobre una superficie ligeramente engrasada con mantequilla

(manteca) estirar con el rodillo pasta de goma blanca de aproximadamente 2 mm de espesor y con el cortador de copos de nieve cortar 6 piezas. Apoyarlos sobre el árbol de Navidad .

Para decorar los laterales de la tarta, diluir el colorante en polvo perlado con la bebida alcohólica y, con un pincel plano, pintar toda la superficie de las hojas de papel de azúcar. Con las troqueladoras de papel, cortar copos de nieve grandes y pequeños y pegarlos con pegamento comestible a la tarta.

Para hacer las hojas de muérdago: sobre una superficie ligeramente engrasada con mantequilla, estirar con el rodillo pasta de goma verde seco claro de aproximadamente 2 mm de espesor y con el cortador de hojas de muérdago cortar 22 hojas, con la esteca de cuchillo hacer una marca en el centro y dos líneas a cada lado a modo de nervaduras, dejarlas secar ligeramente dobladas por la mitad. Cuando estén secas, pegarlas alrededor de la tarta con pegamento comestible. Con pasta de goma roja, amasar pequeñas bolitas y pegarlas en la base de las hojas, como se ve en la foto.

Para cubrir los cupcakes: estirar fondant blanco sobre una superficie ligeramente engrasada con mantequilla y, con el cortador de círculo, cortar las piezas necesarias. Apoyar un círculo de fondant sobre cada cupcake y pegarlo con un suave masaje, alisar con el alisador de fondant, pincelar la superficie con pegamento comestible o con jalea y apoyarlos sobre un plato cubierto de nonpareils blancos o azúcar y clavar en el centro las cookies. Con pasta hacer hojitas verdes y bolitas rojas para decorar las mini cakes.

Árbol de Navidad
cookies

Estas cookies de árbol de Navidad en su maceta son ideales para regalar, se pueden hacer en distintos colores y poner una en el plato de cada invitado con su nombre escrito en la maceta.

Ingredientes

6 galletas "Árbol de Navidad" y 6 "Galletas copo de nieve" hechas con 2 fórmulas de la receta de masa para galletas de vainilla (véase la sección Recetas y técnicas, página 185)

2 fórmulas de Glasé Real (véase Recetas y técnicas, pág. 186)

Colorante en pasta alimentario color celeste

Perlas blancas de azúcar

Materiales

Adaptadores plásticos de boquillas

Boquilla redonda lisa N° 3

Boquilla redonda lisa N° 2

Biberón plástico o manga pastelera

Palitos de brocheta

PASO A PASO DE LA DECORACIÓN

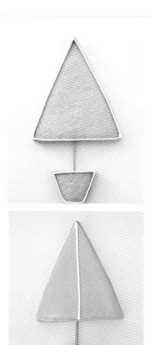

Para hacer las galletas árbol de Navidad, estirar la masa con un rodillo y cortar con un cuchillo las piezas en forma de triángulo y de maceta siguiendo unos patrones hechos de cartulina. Disponerlas en la bandeja donde se van a hornear y recién allí insertar el palito de brocheta en la maceta realizando una leve presión en el lugar por donde entra para fijarlo, luego insertar el palito en el centro del triángulo, también presionando con el dedo en el sitio por donde entra para que la galleta no se mueva.

Para glasear la galleta con una manga pastelera con glasé real para escribir color celeste y una boquilla Nº 3 realizar el contorno correspondiente a la copa del árbol y a la maceta.

Hacer glasé fluido celeste (véase la sección Recetas y técnicas, página 187) y con un biberón o una manga pastelera rellenar toda la superficie de la copa del árbol y de la maceta, dejar secar 24 horas y luego con una manga pastelera con glasé real para escribir blanca y una boquilla Nº 2 trazar una línea vertical en el centro del árbol. Luego trazar líneas cruzadas de la forma en que se muestra en la foto, presionando un poco más la manga al inicio y al final de cada línea para que los extremos queden más gruesos.

Para terminar de decorar, hacer pequeñas gotitas de glasé cubriendo todas las líneas formando las ramas y pegar con un puntito de glasé perlas de azúcar. En la parte superior de la maceta, hacer una fila de gotitas de glasé, unas hacia arriba y otras hacia abajo y dibujar dos tiras como se ve en la foto. Para finalizar, pegar una perlita de azúcar o cereal en el nacimiento del lazo.

Para glasear las galletas "Copos de Nieve" con una manga pastelera con glasé real para escribir color celeste y una boquilla Nº 3 realizar el contorno correspondiente a los mismos y con glasé fluido del mismo color rellenar su interior, dejar secar las galletas durante 24 hs. Con una manga pastelera con glasé real para escribir blanco y una boquilla Nº 2, trazar líneas de un extremo al otro del copo de nieve.

Hacer dos pequeñas gotitas de glasé en las puntas del copo de nieve, ejerciendo más presión con la manga en el extremo exterior y soltando presión al llegar a la línea donde terminan las gotitas. Hacer dos pequeñas gotitas más de glasé más hacia el centro del copo de nieve, como se ve en la foto, ejerciendo más presión con la manga en el extremo exterior y soltando presión al llegar a la línea donde terminan las gotitas. Para terminar, colocar una perla blanca de azúcar en el centro.

Tarta navideña
de tres mousses

Como postre navideño te propongo esta tarta súper fresca y deliciosa con un trío de mousses de sabores clásicos que le gustan a todo el mundo.

TARTA DE VAINILLA

Ingredientes

(Para un molde de 22 cm)

4 huevos, separados

135 g de azúcar

135 g de harina, tamizada dos veces

1 cucharadita de esencia de vainilla

Preparación

Colocar las claras en la batidora y comenzar a batir a medida que se agrega el azúcar hasta llegar a punto merengue, incorporar las yemas una a una y batir unos minutos más, agregar la esencia de vainilla. Incorporar poco a poco la harina, previamente tamizada dos veces, mezclando con mucha suavidad a mano con una espátula. Verter la mezcla en un molde previamente engrasado con mantequilla y enharinado. Cocinar a 180º C por aproximadamente 40 minutos.

ALMÍBAR NEUTRO

Ingredientes

100 g de azúcar

200 g de agua

1 cucharada de zumo de limón

Preparación

Poner en una olla el azúcar, cubrirla con el agua y el zumo de limón y llevar a ebullición, cuando empiece a hervir retirar y dejar enfriar. Conservar en la nevera hasta el momento de bañar la tarta.

Tarta navideña
de tres mousses

MOUSSE DE FRESAS

Ingredientes

130 g de fresas

3 hojas de gelatina

70 g de merengue italiano (receta en página 144)

120 g de mascarpone

Unas gotas de colorante alimentario natural rojo

50 g de fresas cortadas en láminas y 50 g de frambuesas

Preparación

Hacer un puré con los 130 g de fresas. Poner a remojar las hojas de gelatina en agua fría durante 20 minutos. Preparar el merengue italiano siguiendo las indicaciones de página 144. Poner en un bol el mascarpone, quitándole todo el suero que pudiera haber en el envase. Calentar la mitad del puré de fresas. Escurrir las hojas de gelatina apretándolas bien, luego mezclarlas con el puré de fresas caliente hasta que estén disueltas por completo; agregar el resto del puré frío. Colorear el merengue italiano con un par de gotas de colorante rojo, incorporar el puré al mascarpone y luego el merengue mezclando suavemente con una espátula. Reservar, junto con las fresas cortadas en láminas y las frambuesas, para rellenar la tarta

MOUSSE DE VAINILLA

Ingredientes

2 hojas de gelatina

70 g de merengue italiano (receta en página 144)

120 g de mascarpone

2 cucharadas de ron

2 cucharaditas de esencia de vainilla

100 g de grosellas

Preparación

Poner a remojar las hojas de gelatina en agua fría durante 20 minutos. Preparar el merengue italiano. Poner en un bol el mascarpone, quitándole todo el suero que pudiera haber en el envase. Calentar el ron, escurrir apretando bien las hojas de gelatina y mezclarlas con el ron caliente hasta que estén disueltas por completo, agregar la esencia de vainilla, mezclar e incorporarlo al mascarpone batiendo hasta que se integre. Agregar el merengue italiano mezclando suavemente con una espátula. Reservar para rellenar la tarta, junto con las grosellas.

Tarta navideña
de tres mousses

MOUSSE DE DULCE DE LECHE

Ingredientes
2 hojas de gelatina
70 g de merengue italiano
120 g de mascarpone
2 cucharadas de leche
100 g de dulce de leche

Preparación
Poner a remojar las hojas de gelatina en agua fría durante 20 minutos. Preparar el merengue italiano. Poner en un bol el mascarpone, quitándole todo el suero que pudiera haber en el envase. Calentar la leche. Escurrir apretando bien las hojas de gelatina y mezclarlas con la leche caliente hasta que estén disueltas por completo, luego incorporar al mascarpone batiendo hasta que se integre. Agregar el merengue italiano mezclando suavemente con una espátula. Reservar para rellenar la tarta.

MERENGUE ITALIANO

Ingredientes y materiales
250 g de azúcar
70 ml de agua
3 claras de huevo
Termómetro para caramelo

Preparación
En una olla poner el azúcar y el agua, mezclar y llevar al fuego, cuando comience a hervir dejar de remover para que el azúcar no se cristalice, introducir dentro del almíbar un termómetro para caramelo. Con un pincel húmedo con agua pincelar las paredes de la olla para evitar que se formen cristales de azúcar. Cuando el termómetro llegue a 100 ºC comenzar a montar las claras a punto de nieve. Cuando la temperatura en el termómetro llegue a 120 ºC retirar del fuego y verter el almíbar lentamente sobre las claras montadas. No echar el almíbar sobre las varillas de la batidora para que no se endurezca, siempre hacerlo sobre las paredes del bol. Montar el merengue con la batidora eléctrica a velocidad máxima, aproximadamente durante 15 minutos, hasta que se entibie.

Tip para las tres preparaciones con Mousse de esta tarta
Se puede sustituir el mascarpone por la misma cantidad de crema de leche (nata de montar) batiéndola con 2 cucharadas de azúcar impalpable (azúcar glas) hasta que se monte casi a punto de crema chantilly.

Tarta navideña
de tres mousses

MONTAJE DE LA TARTA

Materiales

Cuchillo largo de sierra

Mangas pasteleras

Boquilla rizada de estrella

Boquilla de flor

Molde aro de 18 cm

1 bandeja fina de cartón de pastelería de 22 cm

Ingredientes

1 fórmula de merengue italiano (receta en página 144)

Almíbar neutro

Preparación

Colocar el molde de aro de 18 cm en el centro de la tarta y presionar para cortar con el filo del molde aro casi hasta llegar a la base de la tarta, como se ve en la foto. Quitar todo el centro dejando un hueco dentro. Con lo que se ha quitado, cortar una capa de aproximadamente 1,5 cm y reservarla.

Volver a colocar la tarta dentro del molde limpio en que fue horneada. Con el almíbar neutro, bañar generosamente la base de la tarta.

Verter, dentro del agujero de la tarta, el mousse de fresas hasta la tercera parte. Disponer encima las láminas de fresas y las frambuesas. Cubrir ahora otra tercera parte con el mousse de vainilla, disponer las grosellas encima. Terminar con la capa de mousse de dulce de leche.

Humedecer con almíbar la capa cortada de bizcochuelo que se había reservado y tapar la tarta. Llevar a la nevera como mínimo por 6 horas.

Hacer otra fórmula de la receta de merengue italiano para la decoración. Sacar la tarta de la nevera y quitarla del molde. Pegarla con un poco de merengue a su bandeja de pastelería.

Con una espátula cubrir la tarta con el merengue italiano recién hecho de forma uniforme y con una manga pastelera con merengue y una boquilla de estrella, comenzar a decorar los laterales. Disponer la manga apoyada en la bandeja y hacer líneas hasta la parte superior de la tarta. Hacer todo el contorno de la tarta.

Para decorar la parte superior, usar una manga con boquilla de flor, llena de merengue italiano. Disponer la manga de forma perpendicular a la tarta y presionar hasta formar una flor de merengue, dejar de presionar antes de retirar la manga. Repetir la operación hasta cubrir toda la parte superior de la tarta.

PASO A PASO DE LA DECORACIÓN

Materiales

Cortador de muérdago

Cortador de pétalo de rosa mediano

Bolillo

Esteca cuchillo

Tapete de goma EVA (flower pad)

Pegamento comestible

Ingredientes

Pasta de goma color verde seco

Pasta de goma color rosa oscuro

Confites color rosa oscuro y verde claro

Rosas cristalizadas

Azúcar

PASO A PASO DE LA DECORACIÓN

Con la pasta de goma color rosa oscuro hacer 4 rosas (véase como hacer rosas en las páginas 22 a 24) Pincelarlas con pegamento comestible y rebozarlas en un plato con azúcar para escarcharlas.

Hacer 12 hojas de muérdago con la pasta de goma color verde seco, siguiendo las instrucciones explicadas en el proyecto "Mesa dulce de Navidad" (página 130).

Para hacer la corona de muérdagos y rosas, disponer las 4 rosas de pasta de goma en cruz sobre el merengue y las hojas de muérdago a cada lado de las rosas. Intercalar rosas cristalizadas con hojas de muérdago y algunos confites rosas y verdes. Decorar también los laterales de la tarta con algunos confites.

Las rosas cristalizadas se pueden comprar o hacerlas uno mismo de la siguiente forma: Utilizar rosas pequeñas de cultivo ecológico (no usar las de las florerías que están rociadas con pesticidas). Pincelarlas generosamente con clara de huevo batida y cubrirlas con azúcar y dejarlas secar 24 horas antes de usar. Estas flores son comestibles.

Tarta de almendras y pistacho
con frutos del bosque

Estas tartas son un postre delicioso, con una exquisita combinación de sabores y texturas que te harán triunfar en cualquier fiesta o celebración.

TARTA DE ALMENDRAS Y PISTACHO (Para un molde de 24 cm)

Ingredientes

100 g de mantequilla, derretida

6 huevos, separados

290 g de azúcar

3 cucharadas de brandy

100 g de harina

1 cucharada de polvo de hornear

1 pizca de sal

180 g de almendras molidas

180 g de pistachos molidos

Preparación

Derretir la mantequilla y reservar. Batir el azúcar con las yemas, hasta que la mezcla blanquee, incorporar la mantequilla derretida y el brandy y batir. Mezclar la harina, polvo de hornear y la sal y tamizarlas; incorporar la almendra y el pistacho molidos y mezclar bien. Agregar a la preparación de manteca la mezcla de harina en varias tandas, alternando con las claras batidas a punto de nieve y mezclando suavemente con una espátula, terminar con las claras batidas a punto de nieve.

Verter la mezcla en un molde previamente engrasado con mantequilla y enharinado y cocinar a 180 ºC por aproximadamente 1 hora. Tener en cuenta que al pinchar con un palito este nunca saldrá completamente seco debido al aceite de las almendras y de los pistachos.

Tarta de almendras y pistacho
con frutos del bosque

CREMA DE FRUTOS DEL BOSQUE

Ingredientes

100 g de fresas

100 g de frambuesas

40 g de arándanos

4 hojas de gelatina

130 g de merengue italiano (receta debajo)

250 g de mascarpone

Unas gotas de colorante alimentario natural rojo

Frambuesas, moras, arándanos, fresas y hojas de menta para decorar

Preparación

Hacer un puré con las fresas, las frambuesas y los arándanos. Poner a remojar las hojas de gelatina en agua fría durante 20 minutos. Preparar el merengue italiano siguiendo las indicaciones de más abajo. Poner en un bol el mascarpone, quitándole todo el suero que pudiera haber en el envase. Calentar la mitad del puré de frutos del bosque, escurrir apretando bien las hojas de gelatina y mezclarlas con el puré caliente de frutos del bosque hasta que estén disueltas por completo. Agregar el resto del puré frío. Colorear el merengue italiano con un par de gotas de colorante rojo, incorporar el puré al mascarpone y luego el merengue mezclando suavemente con una espátula. Reservar para rellenar la tarta.

MERENGUE ITALIANO

Ingredientes y materiales

3 claras de huevo

250 g de azúcar

70 ml de agua

Termómetro para caramelo

Preparación

En una olla poner el azúcar y el agua, mezclar y llevar al fuego, cuando comience a hervir dejar de remover para que el azúcar no se cristalice, introducir dentro del almíbar un termómetro para caramelo. Con un pincel húmedo con agua pincelar las paredes de la olla para evitar que se formen cristales de azúcar. Cuando el termómetro llegue a 100º C comenzar a montar las claras a punto de nieve. Cuando la temperatura en el termómetro llegue a 120º C retirar del fuego y verter el almíbar lentamente sobre las claras montadas. No echar el almíbar sobre las varillas de la batidora para que no se endurezca, siempre hacerlo sobre las paredes del bol. Montar el merengue con la batidora eléctrica a velocidad máxima, aproximadamente durante 15 minutos, hasta que se entibie.

MACARONS DE FRESA

Ingredientes

1 formula de la receta de macarons

Colorante alimentario en
pasta rojo

300 g de fresas

150 g de azúcar

Zumo de ½ limón

4 manzanas

Colorante alimentario en polvo
color rojo metalizado

Mantequilla

Preparación

Pelar 4 manzanas quitarles el corazón, cortarlos por la mitad y ponerlos en una olla, la pectina del corazón de las manzanas hará de espesante para la confitura. Agregar también las fresas cortadas, el azúcar y el zumo de limón. Llevar al fuego y dejar hervir durante 10 minutos. Retirar los corazones de manzana y dejar enfriar la confitura en la nevera hasta el momento de usar.

Hacer la masa de los macarons, teñirla con el colorante rojo y hornearlos (véase la sección Recetas y técnicas), una vez fríos pincelarlos ligeramente con mantequilla derretida y luego pintarlos con una brocha con el colorante en polvo rojo metalizado y rellenar los macarons con la confitura de fresas.

MONTAJE DE LA TARTA

Materiales

Cuchillo largo de sierra
Mangas pasteleras
Boquillas: de Saint Honoré, de
hoja, de pétalos
Molde aro de 20 cm
Hoja de acetato
1 bandeja fina de cartón

Ingredientes

Merengue italiano
1 Macaron (receta en pág. 190)

Preparación

Cortar la tarta en capas de 1,5 cm. Cortar dos de las capas finas con el filo del molde aro de 20 cm. Forrar el molde aro con la hoja de acetato haciendo que sobrepase unos 5 cm el alto del molde, como se puede ver en la foto.

Colocar dentro del molde, en la base, una capa de la tarta de almendras y pistacho. Poner encima unas frambuesas y fresas cortadas y cubrir con la crema de frutos del bosque, volver a colocar más frambuesas y fresas y cubrir con la crema hasta donde termine el molde.

Colocar encima la otra capa de la tarta de almendras y pistacho y llevar al congelador durante, por lo menos, 6 horas.

Hacer el merengue italiano para la decoración. Quitar el pastel del congelador, sacar hacia arriba el molde aro y despegar la hoja de acetato.

Poner el merengue italiano recién hecho dentro de una manga pastelera con la boquilla Saint Honoré, disponer la manga de forma perpendicular a la tarta con la abertura de la boquilla hacia fuera, no colocar la boquilla muy en el borde de la tarta porque el merengue tiende a retroceder y podría salirse del contorno, presionar la manga e ir estirando hacia dentro aflojando la presión cuando se está por terminar. Hacer todo el contorno de la tarta y luego hacer una segunda capa. Al terminar, conservar la tarta en la nevera hasta el momento de servir, se puede conservar hasta una semana.

Decorar con frutos del bosque y unas hojitas de menta y un macaron de fresa.

Para decorar las otras tartas usar con el merengue italiano una boquilla de hoja, colocar la manga pastelera a 45° casi en el borde de la tarta y presionar hasta formar la base de la hoja y estirar soltando presión, si se estira demasiado rápido la hoja quedará muy delgada, hacer todo el contorno y luego hacer las filas internas.

Con una boquilla de pétalos colocar la manga pastelera con el merengue italiano, colocar la manga pastelera casi en el borde de la tarta, con la parte más gruesa de la boquilla hacia abajo y hacer un movimiento en forma de U para hacer un pétalo, hacer todo el contorno y luego hacer las filas internas de pétalos.

Baba al limoncello
con frutos del bosque y mascarpone de maracuyá

Sorprende en una cena en la que quieras lucirte con este postre rápido y gourmet. Si haces los babas al limoncello con anticipación podrás preparar este espectacular postre en menos de diez minutos.

Ingredientes

300 g de harina

1/2 cucharadita de sal

25 g de azúcar

150 ml de leche

15 g de levadura fresca de panadero

3 huevos

75 g de mantequilla

Preparación

Tamizar la harina y mezclarla con la sal y el azúcar. Entibiar un poco la leche, mezclar la levadura con la leche hasta que se disuelva, agregarla a la harina y mezclar suavemente con una espátula. Batir los huevos aparte e incorporarlos mezclándolos. Derretir la mantequilla en el microondas a temperatura mínima o al baño María, incorporar la mantequilla derretida a la preparación, mezclar y dejar reposar la masa durante 1 hora a temperatura ambiente. Untar con mantequilla y enharinar un molde de madeleines y disponer la masa en cada hueco, hornear a 180 ºC durante 20 minutos. Los babas también pueden hacerse en mini moldes Savarin, en ese caso hornearlos durante 30 minutos. Dejar enfriar completamente antes de desmoldar.

ALMÍBAR DE LIMONCELLO

Ingredientes

300 g de agua

200 g de azúcar

150 g de limoncello

Preparación

En una olla, mezclar el agua y el azúcar y llevar al fuego. Dejar que hierva durante 3 minutos, retirar del fuego e incorporar el limoncello. Cuando el almíbar y los babas estén fríos ponerlos en un recipiente hondo y bañarlos con el almíbar, darlos vuelta varias veces para que absorban el almíbar. Conservarlos en un recipiente hermético cubiertos con el almíbar en la nevera hasta el momento de usar. Se pueden conservar por dos semanas.

Baba al limoncello
con frutos del bosque y mascarpone de maracuyá

MASCARPONE DE MARACUYÁ

Ingredientes

100 g de pulpa de maracuyá

250 g de mascarpone

70 g de azúcar impalpable
(azúcar glas)

Preparación

Para hacer la crema se puede utilizar pulpa de maracuyá congelada o extraer el jugo quitando las semillas y la pulpa del maracuyá, poniéndola en una licuadora y presionando el botón de la misma solo 1 segundo, no más ya que lo que hay que lograr es que la pulpa tan viscosa y adherida a las semillas se desprenda, sin que estas se rompan, ya que si no sería difícil colarlo. Colar con un colador chino para obtener solo el zumo, se necesitarán aproximadamente unos 9 frutos de maracuyá. Batir el mascarpone con el maracuyá, incorporar el azúcar impalpable (azúcar glas) tamizado y batir solo hasta que esté integrado.

ARMADO DE LA COPA (Para 4 copas)

Ingredientes

100 g de frambuesas

50 g de arándanos

50 g de moras

Pétalos de violeta cristalizados en azúcar para decorar

Preparación

Poner en la base de la copa las frutas, cubrir con el mascarpone de maracuyá, poner más frutas y cubrir nuevamente con la crema, colocar encima de cada copa un baba al limoncello y decorar con un pétalo de violeta cristalizado.

Halloween
cupcakes

Cuando te digan "Trick or treat" regala estos deliciosos cupcakes con ojos maléficos que hechizarán a todos con su sabor.

CUPCAKES DE COCO Y LIMA

Ingredientes

(Para 12 cupcakes)
120 g de mantequilla
120 g de azúcar
Ralladura y jugo/zumo de 1 lima
2 huevos
30 g de coco rallado
110 g de harina
1 cucharadita de polvo
de hornear (levadura)

Preparación

Batir la mantequilla a temperatura ambiente con el azúcar y la ralladura de lima, agregar los huevos y batir, incorporar el coco rallado y luego la harina mezclada con el polvo de hornear (levadura), tamizándola a medida que se va agregando y alternando con el zumo de lima.

Llenar los moldes de los cupcakes hasta ¾ parte del molde y hornear durante 20 minutos a 180° C.

MERENGUE ITALIANO DE COCO

Ingredientes y materiales

250 g de azúcar
70 ml de agua
3 claras de huevo
1 cucharadita de esencia de coco
Termómetro para caramelo

Preparación

En una olla poner el azúcar y el agua, mezclar y llevar al fuego, cuando empiece a hervir dejar de remover para que el azúcar no se cristalice, introducir dentro del almíbar un termómetro para caramelo, cuando el termómetro llegue a 100 °C comenzar a montar las claras a punto de nieve. Cuando la temperatura llegue a 120 °C retirar del fuego y verter el almíbar lentamente sobre las claras montadas. No verter el almíbar sobre las varillas de la batidora para que no se endurezca, hacerlo sobre las paredes del bol. Incorporar la esencia de coco y montar el merengue con la batidora eléctrica a velocidad máxima, aproximadamente durante 15 minutos, hasta que se entibie.

Halloween
cupcakes

Ingredientes y materiales

Mazapán (véase la sección Recetas y técnicas, página 179)

Glasé real blanco (véase la sección Recetas y técnicas, página 186)

Fondant teñido de verde

Fondant teñido de negro

Colorante alimentario color violeta

Pegamento comestible

Rodillo

Mangas pasteleras

Boquilla redonda lisa Nº 1

Boquilla pastelera rizada grande

PASO A PASO DE LA DECORACIÓN

Para hacer los ojos de mazapán, estirar con un rodillo sobre una superficie plana espolvoreada con azúcar glasé mazapán de aproximadamente 8 mm de espesor y con la parte trasera de una boquilla grande pastelera cortar círculos y luego disponer la misma boquilla en el centro del círculo cortando para formar la elipse que forma el ojo.

Con glasé real blanco hacer glasé fluido (véase la sección Recetas y técnicas, página 187), tomar cada uno de los ojos de mazapán y cubrir con una espátula la superficie superior con el glasé y dejar secar durante 24 hs.

Estirar fondant verde sobre una superficie espolvoreada con azúcar impalpable y cortar con la parte posterior de la boquilla Nº 1 un círculo de fondant verde para cada ojo, volver a disponer la misma boquilla en el centro del círculo cortando nuevamente para formar la elipse verde del ojo y pegarlos al ojo de mazapán con pegamento comestible. Luego hacer pequeñas bolitas de fondant negro y con un poco de pegamento comestible adherir una en cada ojo, aplastándola para que quede plana. Finalmente hacer un puntito de glasé blanco con una manga con la boquilla Nº 1 sobre la parte negra.

Colorear el merengue con una pequeña cantidad de colorante alimentario violeta, incorporarlo a una manga pastelera con una boquilla rizada grande y decorar el cupcake trazando un movimiento en espiral desde el exterior del cupcake hasta el centro y apoyar suavemente los ojos de mazapán a la parte superior de los mismos.

Halloween
mesa dulce

Halloween les encanta a los niños. Te propongo una mesa dulce para que los sorprendas con una fiesta terroríficamente divertida.

TARTA DE CHOCOLATE CON CREMA MUSELINA DE DULCE DE LECHE

Ingredientes

(Para una tarta de 24 cm. Para estas tartas de 20 cm, 15 cm y 10 cm se necesitan 2 fórmulas de la receta)

6 huevos, separados

200 g de azúcar

1 cucharadita de esencia de vainilla

130 g de harina

70 g de cacao amargo en polvo

Preparación

Colocar las claras en la batidora y comenzar a batir a medida que se agrega el azúcar hasta llegar a punto merengue, incorporar las yemas una a una y batir unos minutos más, agregar la esencia de vainilla. Incorporar poco a poco al merengue la harina mezclada con el cacao, previamente tamizada dos veces, mezclando suavemente a mano con una espátula de forma envolvente.

Verter la mezcla en un molde previamente untado con mantequilla y enharinado. Hornear a 180 ºC por aproximadamente 40 minutos.

ALMÍBAR DE VAINILLA

Ingredientes

200 g de azúcar

400 g de agua

3 cucharaditas de esencia de vainilla

Preparación

Poner en una olla el azúcar, cubrirla con el agua, mezclar y llevar a ebullición. Cuando empiece a hervir retirar del fuego, agregar la esencia de vainilla y mezclar. Si no se usa enseguida, conservar en la nevera en un recipiente cerrado hasta el momento de bañar la tarta.

Halloween
mesa dulce

CREMA MUSELINA DE DULCE DE LECHE

Ingredientes

320 g de azúcar

90 g de agua

4 claras

360 g de mantequilla

110 g de dulce de leche

Materiales

Termómetro para caramelo

Preparación

En una olla poner el azúcar y el agua, remover y llevar al fuego, cuando comience a hervir dejar de remover para que el azúcar no se cristalice, introducir dentro del almíbar un termómetro para caramelo. Con un pincel mojado con agua pincelar las paredes de la olla para evitar que se formen cristales de azúcar. Cuando el termómetro llegue a 100 ºC comenzar a montar las claras a punto de nieve. Cuando la temperatura en el termómetro llegue a 118º C retirar del fuego y verter el almíbar lentamente sobre las claras montadas, no echar el almíbar sobre las varillas de la batidora para que no se endurezca, siempre hacerlo sobre las paredes del bol. Montar el merengue con la batidora eléctrica a velocidad máxima aproximadamente durante 25 minutos para que quede muy duro y se enfríe.

Incorporar la mantequilla, a temperatura ambiente pero no muy blanda, al merengue de a una cucharada por vez, y batiendo con la pala (Ka) de la batidora a velocidad media, si en algún momento la crema pareciera cortada subir la velocidad y batir hasta que adquiera una textura lisa. Agregar el dulce de leche y seguir batiendo hasta que esté completamente integrado.

Cortar las tartas en tres capas, humedecer cada capa generosamente con el almíbar de vainilla y rellenarlas con la crema de dulce de leche. Llevar a la nevera por lo menos durante 4 horas antes de hacer el ganache para perfeccionarla antes del forrado con fondant.

Halloween
mesa dulce

PASO A PASO DE LA DECORACIÓN

Ingredientes

Fondant negro: 300 g para el piso de 10 cm, 600 g para el piso de 15 cm y 750 g para el piso de 20 cm

50 g aprox. de pasta de modelar color naranja (véase la sección Recetas y técnicas, página 183)

Colorante alimentario en pasta negro, naranja y verde seco

40 g aprox. de pasta de goma color negro (véase la sección Recetas y técnicas, página 182)

5 g aprox. de pasta de goma color verde seco claro

Pegamento comestible

Non pareils (perlitas pequeñas de azúcar) color naranja

Azúcar impalpable (azúcar glas) para espolvorear

Glasé real (véase la sección Recetas y técnicas, página 186)

Materiales

Cuchillo largo de sierra

Manga pastelera

Espátula scrap

Plato giratorio para pasteles

Pincel de silicona para pastelería

Pincel

Alisador de fondant

Hojas plásticas flexibles para alisar el fondant

6 pilares plásticos (dowels)

3 bandejas finas de cartón de pastelería redondas de 20, 15 y 10 cm

Rodillo

Esteca plástica de cuchillo

Bolillo

Cortador de placa vintage

Cortador de hoja de muérdago

Boquilla pastelera grande

Bisturí o cuchillo fino

Cintas finas de tela negra con lunares blancos

PASO A PASO DE LA DECORACIÓN

Preparar las tartas cubriéndolas con ganache de chocolate negro para perfeccionarlas. Véase el procedimiento en la sección Recetas y técnicas, página 178.

Cubrir las tartas con fondant e insertar dentro de la tarta de 15 cm un pilar plástico en el centro y dentro de la tarta de 20 cm un pilar en el centro y 4 en cruz. Véase el procedimiento en la sección Recetas y técnicas, página 181. Pegar las tartas entre si con un poco de glasé real.

Pegar con unas gotitas de glasé real las cintas en la base y en la parte superior de la tarta de 20 cm, en la base de la tarta de 15 cm y en la base y parte superior de la tarta de 10 cm.

Amasar bolitas de pasta de modelar color naranja de 1 cm de diámetro y pegarlas con pegamento comestible en la base de la tarta de 15 cm, dejando un espacio de 3 cm entre unas y otras.

Para hacer la calabaza, amasar pasta de modelar naranja y hacer una esfera de 5 cm de diámetro y con un bolillo marcar líneas de arriba hacia abajo, como se ve en la foto.

Sobre una superficie ligeramente engrasada con mantequilla estirar con un rodillo pasta de goma color negro de aproximadamente 1 mm de espesor, y con la parte de atrás de una boquilla grande cortar un círculo y luego superponerla para cortar en forma de media luna y con el bisturí cortar la boca de la calabaza. Hacer 3 pequeños triángulos, dos para los ojos y uno para la nariz y pegar todo a la calabaza con pegamento comestible. Amasar un rollito de pasta de goma verde claro para hacer el tallo y pegarlo con pegamento comestible en la parte superior de la calabaza.

Para hacer la placa naranja que va pegada entre los dos pisos superiores, engrasar una superficie con mantequilla y con un rodillo estirar pasta de modelar naranja de 2 mm de espesor, con el cortador de placa vintage, cortar una pieza, pincelarla con pegamento comestible y apoyarla sobre un plato cubierto de non pareils naranjas haciendo un poco de presión para que se peguen. Pincelar la placa con un poco de pegamento comestible y adherirla a la tarta.

Para hacer el murciélago que va en el centro de la placa, estirar con un rodillo pasta de goma color negro de 1 mm de espesor y cortar una pieza con el cortador de hoja de muérdago, cortar la hoja por la mitad para hacer las alas y dejarlas secar. Hacer una bolita de pasta de goma negra de 1,5 cm de diámetro y pegarla con pegamento comestible sobre las dos alas. Pegar dos perlitas blancas de azúcar como ojos y hacer en el centro dos puntitos de glasé real negro. Pegar el murciélago en el centro de la placa.

Halloween
mesa dulce

CUPCAKES DE CHOCOLATE Y FRAMBUESAS

Ingredientes

100 g de mantequilla, a temperatura ambiente

100 g de azúcar

2 huevos

30 g de almendra molida

80 g de frambuesas

70 g de chocolate negro

110 g de harina

1 cucharadita de polvo de hornear (levadura)

Preparación

Batir la mantequilla a temperatura ambiente con el azúcar hasta que la mezcla esté cremosa, incorporar los huevos y seguir batiendo. Agregar la almendra molida y las frambuesas y batir. Derretir el chocolate en el microondas a temperatura mínima o al baño María e incorporarlo a la preparación. Mezclar la harina con la levadura, tamizar ambas e incorporarlas en dos tandas mezclando hasta que quede integrada.

Colocar la masa en moldes de papel de cupcakes llenándolos hasta las ¾ parte y hornearlos durante 25 minutos a 180 º C.

MADELEINES DE GROSELLAS

Ingredientes

(para aprox. 15 madeleines grandes o 30 pequeñas)

3 huevos

95 g de azúcar moreno

100 g de mantequilla

Unas gotas de colorante alimentario naranja

175 g de harina

3 cucharaditas de polvo de hornear (levadura)

Grosellas

Preparación

Batir los huevos con el azúcar durante 5 minutos. Incorporar la mantequilla derretida y batir. Agregar un par de gotas de colorante amarillo. Mezclar la harina con la levadura, tamizarla e incorporarla mezclando con una espátula. Dejar reposar la masa en la nevera durante 1 hora.

Engrasar con mantequilla y enharinar el molde de madeleines (no hace falta si se usan moldes de silicona). No llenar demasiado las cavidades del molde con masa, disponer unas grosellas sobre la masa. Hornear 10 minutos a 180 ºC si las madeleines son pequeñas y 20 minutos si son grandes.

MACARONS DE MASCARPONE DE DULCE DE LECHE

Para hacer las tapas de los macarons véase la receta en la sección Recetas y técnicas, página 190. Colorear la masa con colorante alimentario color naranja.

RELLENO DE MASCARPONE DE DULCE DE LECHE

Ingredientes
2 hojas de gelatina
250 g de mascarpone
150 g de dulce de leche
2 cucharadas de leche

Preparación
Poner a hidratar en agua fría las hojas de gelatina durante 20 minutos. Mezclar el mascarpone con el dulce de leche, batiendo solo lo necesario. Poner a calentar las dos cucharadas de leche, escurrir muy bien las hojas de gelatina apretándolas e incorporarlas a la leche caliente, mezclar hasta que se disuelvan e incorporar a la crema, mezclar y dejar reposar en la nevera durante 6 horas. Usar para rellenar los macarons.

Ingredientes

Fondant color naranja

Colorante alimentario color naranja

Glasé real teñido de negro

½ fórmula de glasé elástico (véase la sección Recetas y técnicas. página 189)

Non pareils (perlitas pequeñas de azúcar) color naranja

Pegamento comestible

Materiales

Pajitas de papel rayadas

Tapete de silicona de encaje para glasé elástico

Cortador de círculo

Manga pastelera

Boquilla redonda Nº 2

Tijeras

Alisador de fondant

PASO A PASO DE LA DECORACIÓN

Sobre una superficie ligeramente engrasada con mantequilla estirar fondant naranja de aproximadamente 4 mm de espesor y con el cortador de círculo cortar las piezas necesarias para cubrir los cupcakes. Apoyar un círculo sobre el cupcake, la mantequilla hará de pegamento y con un suave masaje adherir el fondant, pasar por encima un alisador de fondant para perfeccionar la superficie.

Para decorar las madeleines preparar el glasé elástico (véase la sección Recetas y técnicas, página 189) y teñirlo con el colorante naranja. Engrasar ligeramente el molde de encaje con spray desmoldante o con mantequilla derretida y colocar un poco de glasé elástico sobre el tapete de encaje y con una espátula scrap extenderlo y retirar todo el excedente, solo tiene que quedar glasé dentro del molde. Dejar secar un día a temperatura ambiente, o secarlo en el horno a 100° C durante 6 minutos y retirar del molde con la ayuda de una espátula scrap, como se ve en la foto.

Recortar trozos del encaje flexible naranja y pegarlo con pegamento comestible a la base de cada madeleine.
Para hacer las madeleines lollypop, insertar en el centro de cada madeleine una pajita rayada.

Para hacer los murciélagos que decoran las madeleines (véanse las instrucciones en la página 170).

Para hacer las arañas, hacer una bolita de fondant negro y pegarla con pegamento comestible sobre la madeleine, con glasé

real negro en una manga con una boquilla redonda N° 2 hacer 3 patitas de cada lado del cuerpo. Pegarle dos bolitas de pasta de goma blanca como ojos y hacer un puntito negro con glasé en cada ojo.

Para hacer las madeleines calabazas de Halloween, cortar con un cuchillo la base de la madeleine y cortar en diagonal los laterales para dar forma de calabaza, insertar en el centro una pajita rayada. Con fondant negro hacer los ojos, la nariz y la boca de la misma forma en que se indica como hacerlo para la calabaza que decora la tarta.

Clavar una madeleine lollypop en cada cupcake. Hacer una bolita de fondant naranja, pincelarla con pegamento comestible y rebozarla con non pareils naranjas. Pegar una bolita en la base de cada cupcake.

Recetas y técnicas

En esta sección encontrarás las recetas y técnicas a las que se remite a lo largo del libro.

Todas las recetas han sido desarrolladas cuidadosamente y probadas innumerables veces para que logres resultados exitosos y puedas lucirte preparando dulces tan deliciosos como espectaculares.

Preparación de las tartas

Preparación

Antes de hacer la tarta preparar el molde, untarlo con mantequilla y enharinarlo para que la tarta no se pegue. Forrar la base del molde con papel de horno. Si el diámetro del bizcocho fuese muy grande, el tiempo de cocción aumenta y los laterales del pastel se resecan y doran demasiado. Para evitar esto, forrar con una tira de papel de horno los laterales y por fuera del molde cubrir el contorno con un par de capas de papel aluminio, para que se hornee de forma uniforme.

Relleno y nivelado de la tarta

Una vez que la tarta se haya enfriado, con un cuchillo largo de sierra cortar la capa superior de la misma para quitar la barriga. Con un nivel, verificar que la tarta esté nivelada, cuando la burbuja del nivel queda en el centro significa que la superficie está nivelada,; si no lo estuviera, cortar más el bizcocho en los lugares donde sobre. Las tartas deben nivelarse para que al montarlas en pisos la estructura no quede torcida.

Una vez nivelada la tarta, con un cuchillo hacer un corte en el lateral, que servirá de guía para que cuando se corte la tarta en capas y se rellene, se coloquen las capas haciendo coincidir esta marca, así la tarta no se desnivela. Cortar las capas de la tarta marcándolas con un palillo para que todas tengan el mismo grosor y pegarla con glasé real a una bandeja de su mismo diámetro.

Bañar las capas de la tarta con almíbar, la cantidad de almíbar a utilizar será la que la masa absorba, lo que ya no absorba habrá que retirarlo.

Rellenar la tarta con la crema con una manga pastelera para que todas las capas sean iguales. Cuando se rellena hay que llegar con la crema hasta el borde, incluso sobresaliendo un poco. Una vez rellenada la tarta, pasar una espátula por sus laterales quitando el excedente de crema y volver a utilizar el nivel para verificar que esté nivelada.

Llevar la tarta a la nevera cubierta con film plástico durante 5 horas como mínimo antes de hacer el ganache que perfeccionará la superficie para forrarla con fondant.

Ganaching

Ganaching es la cubierta hecha con una crema de chocolate espesa con la que se recubre la tarta para perfeccionar su superficie para lograr un acabado perfecto cuando se forre con fondant. Este ganache se hace en un punto que sirve solo para cubrir la tarta, no hay que utilizarlo como relleno porque queda duro ya que lleva poca crema de leche (nata).

Ingredientes

300 g de chocolate negro
120 g de crema de leche (nata)

Preparación

Derretir el chocolate en microondas a temperatura mínima o al baño María. Hervir la crema de leche (nata), remover para que se enfríe e incorporarla al chocolate, batir con batidora eléctrica hasta conseguir una crema suave y brillante, utilizar inmediatamente para cubrir la tarta.

Para hacer el ganaching es necesario usar una bandeja giratoria de las que se utilizan para decorar tartas. Colocar la tarta sobre una bandeja de pastelería, cubrirla generosamente con el ganache de chocolate. Alisar con una espátula la parte superior de la misma. Luego alisar los laterales, colocando una espátula scrap apoyada sobre la tarta y la bandeja formando un ángulo de 45º, hacer girar la bandeja mientras se sostiene firmemente la espátula y retirar el exceso de crema hasta que la superficie quede uniforme. La rebaba que queda en el borde superior no hay que tocarla, se quitará cuando el ganache esté duro. Dejar la tarta a temperatura ambiente entre 7 y 24 horas, para que el ganache se endurezca. Con un cuchillo quitar luego la rebaba de chocolate que sobra en los bordes de la tarta, dejándolos bien afilados y quitar también cualquier otra irregularidad.

Es posible que la capa de ganache haya desnivelado la tarta por lo que nuevamente hay que usar el nivel para verificarlo. Para corregir un desnivel, raspar con un cuchillo suavemente el chocolate, luego volver a comprobar el nivel.

Ganache de chocolate blanco

El ganaching de chocolate blanco es una opción a utilizar para los casos en que el sabor de la tarta no combina con el chocolate negro. La preparación es la misma, solo hay que reducir considerablemente la cantidad de crema de leche (nata), dado que el chocolate blanco no tiene la consistencia del negro y agregar manteca de cacao.

Ingredientes

300 g de chocolate blanco
Entre 40 y 50 g de crema de leche (nata)
20 o 30 g de manteca de cacao derretida

Receta de mazapán para modelar

El mazapán para modelar puede comprarse o hacerse de forma casera, esta receta es para hacer la primera cubierta del pastel antes de forrarlo con fondant.

Ingredientes

260 g de almendras molidas

550 g de azúcar impalpable (azúcar glas)

3 cucharadas de glucosa líquida

2 cucharadas de zumo de limón colado

3 cucharadas de brandy

80 g de claras de huevo pasteurizadas

Preparación

En un bol mezclar las almendras molidas y el azúcar impalpable (azúcar glas) tamizado, el zumo de limón, el brandy y las claras de huevo sin batir. Derretir la glucosa en el microondas a temperatura mínima, agregarla a la preparación, y volver a mezclar. Espolvorear la mesa con azúcar impalpable y amasar hasta que quede maleable. Si la pasta queda blanda agregar más azúcar impalpable (azúcar glas). Conservar el mazapán envuelto en film plástico y dentro de una bolsa plástica cerrada, hasta 2 semanas a temperatura ambiente.

Fondant

El fondant es una pasta de azúcar que se utiliza como cobertura de las tartas. Puede comprarse o prepararse de forma casera con la siguiente receta.

Ingredientes

10 g de gelatina neutra

5 cucharadas de agua

1 cucharada de glicerina (suprimir en climas húmedos y calurosos)

1 cucharada de glucosa

10 g mantequilla

600 g de azúcar impalpable (azúcar glas) tamizada

Preparación

Poner el agua en un bol y agregar la gelatina, calentar en microondas o al baño María durante 1 minuto a temperatura mínima, remover y llevar al microondas un minuto más. La gelatina debe quedar bien disuelta, si no la pasta se agrietará. Agregar la glicerina, mezclar y llevar unos segundos al microondas, incorporar la glucosa, remover y agregar la mantequilla, llevar un minuto más al microondas y mezclar. Colocar el azúcar impalpable (azúcar glas) sobre la mesa formando un hueco en el centro y verter allí el líquido, amasando hasta unirlo con el azúcar. Puede agregarse alguna esencia para darle sabor. Usar la pasta inmediatamente, si se usa después de unas horas tiende deshidratarse y el fondant se agrietará, esto no ocurre con el fondant que se vende hecho. Se conserva a temperatura ambiente, envuelto en film plástico y dentro de una bolsa plástica cerrada. Para teñir la pasta, usar colorantes alimentarios en pasta amasando hasta que el color quede uniforme.

Al hacer pasta de goma o fondant, la cantidad de azúcar impalpable (azúcar glas) puede variar ligeramente dependiendo del tipo de azúcar usado y del clima, en climas húmedos se necesitará más cantidad que en los secos. La pasta está en su punto cuando al amasarla no se pega en las manos.

Forrado de la tarta con fondant

Pincelar toda la superficie del ganache con agua o licor para que el fondant se adhiera. No mojarla mucho porque si no el fondant se despegará formando burbujas.
Sobre la mesa amasarlo sin utilizar azúcar impalpable (azúcar glas) hasta que esté flexible para que al colocarlo sobre la tarta no se agriete. Mantener el fondant cubierto con una bolsa de plástico mientras no se usa para que no se reseque.

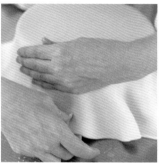

Espolvorear la mesa con azúcar impalpable (azúcar glas) no utilizar maicena ya que es una harina y al entrar en contacto con la humedad de la tarta puede fermentar.

Con un rodillo estirar el fondant unos 4 mm de espesor aproximadamente para el forrado tradicional y unos 3 mm aproximadamente para el forrado con bordes afilados.
Pasar el rodillo sobre la pasta una vez, girarla, pasar el rodillo otra vez y seguir girándola sobre la mesa cada vez que se pasa el rodillo para que no se pegue.

Levantar la pasta con las manos o enrollándola sobre el rodillo y colocarla sobre la tarta. Inmediatamente pegar el fondant al borde superior de la tarta con una suave presión, esto impedirá que pueda agrietarse o romperse en los bordes. Abrir los pliegues, siempre sosteniendo con una mano el borde de la tarta para que no se formen grietas y pegar la pasta a la tarta masajeando suavemente. Hacer lo mismo con cada pliegue hasta que el fondant esté adherido.

El secreto para un forrado perfecto es el control de la presión de las manos, ésta tiene que ser muy suave y hay que evitar clavarle los dedos que marcarían el fondant.

Una vez cubierta la tarta con el fondant, con una esteca de cuchillo cortar por el borde el sobrante. Con el alisador de fondant alisar la parte superior del pastel sin aplicar presión y luego con los alisadores perfeccionar los laterales.

Para lograr un acabado de bordes afilados se necesitará un alisador perfeccionador de fondant (hoja plástica doblada por la mitad) quese debe pasar por el borde del pastel, como se ve en la foto, hasta que quede muy afilado. Luego para terminar de pulirlo pasar dos hojas plásticas por los laterales de la tarta.

En tartas de pisos, para que la estructura se sostenga hay que introducir pilares plásticos dentro de la misma, estos pilares (dowels) se venden en tiendas de repostería. Tomar el molde con el que se hizo el piso superior de la tarta, apoyarlo en el centro de la misma y con un alfiler marcar 4 puntos que servirán de guía. Introducir el primer pilar dentro de la tarta, en el centro, marcar con el dedo su altura, retirarlo, quitar 1 mm a lo marcado y cortarlo. Cortar 4 pilares más, todos de la misma medida, e introducirlos dentro de la tarta, uno en el centro y los 4 restantes en cruz. Los pilares no deben sobresalir de la capa de fondant y no debe haber ninguno más alto que otro, si no la estructura no se sostendría. Se deben colocar los pilares inmediatamente después de terminar de forrar la tarta, porque si el fondant se seca y se ponen los pilares la expansión de la tarta puede hacer que el fondant se agriete. Para pegar el piso superior, hacer puntos de glasé real donde están ubicados los pilares y apoyar la tarta.

Cuando se quiera utilizar una cinta de tela alrededor de la tarta, cortarla de unos centímetros más larga que el contorno de la misma y pegarla con un punto de glasé sobre el borde, apoyar la cinta, tensarla y hacer otra gota de glasé encima de la cinta para adherirla.

La tarta se puede colocar en un plato, pedestal o forrar una bandeja de cartón con el mismo fondant. Para forrar una bandeja con fondant hay que humedecerla con agua, estirar fondant, colocarlo sobre la bandeja, alisar con el alisador de fondant y cortar el excedente con un cuchillo. Cubrir el borde de la bandeja con una cinta, pinchando la misma a la bandeja con alfileres o pegarla con cinta adhesiva de doble cara.

Tamaño y porciones de la tarta

Se calculan 100 g de tarta por persona para las tartas de boda y entre 130 y 150 g para pasteles de cumpleaños u otras celebraciones. Este cuadro está calculado para tartas de boda, para otro tipo de tartas aumentar el diámetro del molde en 3 cm más de lo indicado en el cuadro.

Diámetro de la tarta	Cantidad de porciones	Pasta para cubrir la tarta
15 cm	15	500 gr.
20 cm	25	750 gr.
25 cm	40	1,5 kg.
30 cm	60	1,75 kg.
35 cm	85	2 kg.
40 cm	100	3 kg.
45 cm	125	4 kg.

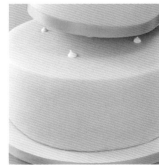

Pasta de goma

La pasta de goma también conocida como pasta de flores es un tipo de pasta de azúcar que se usa para hacer flores o detalles decorativos en los que la pasta se tiene que estirar muy fina. Puede comprarse o elaborarse de forma casera con la siguiente receta.

Ingredientes

3 cucharadas de agua

1 cucharada colmada de glucosa

350 g de azúcar impalpable (azúcar glas)

1 cucharada de goma tragacanto o CMC

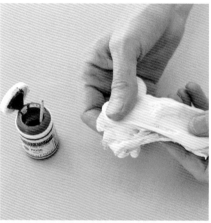

Preparación

Tamizar tres veces el azúcar impalpable con la goma tragacanto. En un bol disolver la glucosa con el agua, llevándola unos segundos al microondas a temperatura mínima.

Agregar a este líquido el azúcar impalpable (azúcar glas) mezclando con una cuchara hasta que tenga una consistencia que se pueda amasar, mezclar hasta que la pasta tome consistencia elástica. Si ha quedado blanda puede agregarse más azúcar impalpable (azúcar glas) y si ha quedado dura se puede agregar un poco más de agua.

Para hacer flores o cuando se necesite estirar la pasta muy delgada, hay que dejarla reposar envuelta en film plástico dentro de una bolsa de cierre hermético durante tres días, en ese tiempo la pasta se tornará elástica, si no se deja reposar se romperá al estirarla.

La pasta de goma, después de un par de días se pone dura, para usarla hay que amasarla hasta que recobre flexibilidad, si no está bien amasada se agrietará. La pasta de goma casera dura aproximadamente 7 días. Conservarla a temperatura ambiente, envuelta en film plástico y dentro de una bolsa plástica de cierre hermético.

Se puede teñir con colorantes alimentarios en pasta o gel, la cantidad de colorante usado dará la intensidad del color, para que este quede uniforme amasar bien la pasta. Con un rodillo estirarla de unos 2 mm de espesor sobre una superficie ligeramente engrasada con mantequilla y con cortadores de flores, cortar las piezas necesarias.

Pegamento comestible

El pegamento comestible que se usa para pegar pasta de goma o fondant se vende en tiendas de repostería o se puede elaborar de forma casera mezclando una cucharada de agua con una cucharadita de goma tragacanto.

Soportes formadores de flores

Las flores o pétalos de de pasta de goma hay que dejarlos secar en soportes para que tomen la forma deseada. Estos soportes o también llamados formadores de flores se venden en tiendas de repostería, pero también se pueden hacer con papel de aluminio. Usar un formador de flores o hacer con pasta de goma un formador curvado. Cortar un trozo de papel de aluminio, doblarlo en 4 y apoyarlo sobre el formador, una vez que haya tomado la forma retirarlo.

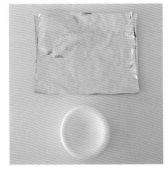

Pasta de modelar

La pasta de modelar, o pasta mexicana, es más blanda que la pasta de goma y se utiliza para hacer algunos modelados de figuras (que no quedan tan duros como cuando son hechos con pasta de goma) y para todo adorno que haya que pegar sobre la tarta, como por ejemplo encajes, las decoraciones hechas con pasta de modelar al no endurecerse como las de pasta de goma permiten cortar fácilmente la tarta. Se puede hacer de forma casera mezclando 50% de fondant con 50% de pasta de goma.

Cupcakes

Para hornear los cupcakes se necesitan cápsulas de papel y una bandeja de aluminio para cupcakes para que las cápsulas no se deformen por el peso de la masa, estas se rellenan hasta su ¾ parte. Tanto los cupcakes como cualquier tarta siempre se hornean con calor arriba y abajo.

Decoración básica de un cupcake con crema

Llenar con la crema una manga pastelera con una boquilla rizada grande, realizar un trazo desde la parte exterior del cupcake hacia dentro en forma de espiral manteniendo siempre una presión constante, al terminar dejar de apretar antes de retirar la manga.

Fondant líquido

El fondant líquido no es el fondant para forrar tartas, su elaboración casera lleva tiempo y no brilla tanto como el fondant pastelero, por esa razón recomiendo usar el fondant comprado. No obstante hay que modificarlo para lograr una consistencia ligera y con alto brillo.

Ingredientes

1 kilo y medio de fondant líquido también llamado fondant pastelero

3 cucharadas de glucosa líquida

100 g aprox. de almíbar (*)

Preparación

Colocar el fondant en un bol, cubrirlo por completo de agua caliente y dejarlo reposar durante 20 minutos para que se ablande, quitar el agua y agregar el resto de los ingredientes. Llevar al microondas a temperatura mínima por 3 minutos (si el fondant se calienta demasiado pierde el brillo). Sacar el bol del microondas, mezclar todos los ingredientes con una espátula rígida y calentarlo nuevamente por 1 minuto más.

Se colorea con colorantes comestibles en pasta o en gel, añadiendo el color en pequeñas cantidades. Antes de usarlo calentar nuevamente en el microondas por no más de 20 segundos a temperatura mínima. Verificar la textura del fondant, si es muy espesa agregar un poco más de almíbar y con la espátula integrarlo a la mezcla.

(*) Almíbar

Ingredientes

100 g de azúcar

100 g de agua

3 cucharadas de zumo de limón, naranja o de cualquier licor para darle sabor

Preparación

Poner el azúcar en una olla, cubrir con el agua y el zumo o licor, mezclar y llevar a ebullición (no remover mientras se calienta) . Cuando comience a hervir retirarlo del fuego y dejar enfriar. Conservarlo en la nevera dentro de un recipiente hermético hasta 3 semanas.

Como bañar cupcakes con fondant líquido

Una vez preparado el fondant, sumergir el cupcake, retirarlo y sacudirlo un poco boca abajo para quitar el exceso de fondant. Esperar 5 minutos antes de dar el segundo baño. Para que la cubierta quede uniforme dar dos baños.

El fondant tiende a formar una costra rápidamente y a espesarse, para que esto no suceda hay que removerlo y si se espesa agregarle un poco de almíbar. También se puede calentar unos segundos para que quede más fluido, pero al calentarlo varias veces pierde su brillo, es preferible ablandarlo agregando almíbar mezclando bien

Cookies

Galletas de vainilla

Ingredientes

(Para aproximadamente 20 galletas medianas o 10 galletas grandes)

100 g de azúcar

200 g de mantequilla

1 huevo

360 g de harina

1 cucharadita de esencia de vainilla o de vainilla en polvo

Preparación

Batir la mantequilla (manteca) con el azúcar hasta formar una crema. Agregar el huevo y batir. Incorporar la esencia de vainilla. Tamizar la harina y agregarla poco a poco. Si se utiliza una batidora usar la pala mezcladora (Ka) o hacerlo manualmente mezclando con una espátula y luego amasar. Formar una bola con la masa, cortarla en discos finos y envolverla en film plástico, dejarla reposar en la nevera durante 2 horas.

Retirar la masa de la nevera y amasarla para ablandarla, no dejar la masa a temperatura ambiente porque si no las cookies estarían demasiado blandas y se deformarían al moverlas a la bandeja.

Para estirar la masa colocarla sobre la mesa apenas enharinada, colocar una hoja de papel de horno por arriba (para que la superficie de la masa no quede con imperfecciones). Estirar con un rodillo con aros niveladores o con guías de entre 4 y 6 mm de espesor, para que la galleta tenga siempre el mismo grosor.

Usar cortadores de galletas para cortar la masa, retirar la masa sobrante, volver a amasar y seguir utilizando. Trasladar las galletas a una bandeja cubierta con papel de horno.

Hornear las galletas a 180° C durante 10 minutos las galletas pequeñas, 12 minutos las medianas y 15 minutos las grandes. Para que se horneen de forma pareja poner juntas las galletas de un mismo tamaño.

Se pueden realizar muchas variaciones de sabores: coco, pistacho, violeta, rosa, lavanda, frambuesa, etc. para ello utilizar esencias alimentarias del sabor deseado.

Glasé real

El glasé real o glasé real se utiliza para glasear galletas, hacer detalles decorativos y para pegar las tartas entre si. Se puede hacer con claras de huevo en polvo (albúmina en polvo) o claras pasteurizadas. No es aconsejable usar claras de huevo sin pasteurizar por el riesgo de las bacterias.

La cantidad de azúcar impalpable (azúcar glas) a utilizar dependerá de las condiciones climáticas, como así también de la consistencia del azúcar. Se debe practicar y variar ligeramente las proporciones indicadas en la receta hasta llegar a la consistencia adecuada, generalmente se utiliza entre 240 g a 250 g de azúcar impalpable (azúcar glas) para el glasé de escribir o pico blando y entre 260 g a 280 g para el glasé de pico duro.

Glasé real (Usando albúmina deshidratada)

Ingredientes

240 g aprox. de azúcar impalpable (azúcar glas)

1 cucharadita colmada de clara de huevo en polvo (albúmina en polvo)

3 cucharadas de agua

6 gotas de vinagre de manzana o cualquier vinagre blanco

Preparación

Para hidratar las claras de huevo en polvo, mezclar en un recipiente de cierre hermético el agua con las claras en polvo y remover. Se obtendrá una consistencia grumosa, tapar el recipiente y dejar reposar 5 horas a temperatura ambiente para que se hidrate. Es normal que al destaparlas se sienta un olor fuerte a huevo porque la albúmina está concentrada. Incorporar el azúcar impalpable (azúcar glas) poco a poco (no es necesario tamizarla a menos que se use una boquilla de un número inferior al 2) y batir utilizando la pala (Ka) a velocidad baja, durante no más de 5 minutos para no incorporar mucho aire, lo cual fragiliza y opaca el glasé. Se puede hacer el glasé usando una batidora eléctrica manual a velocidad baja. Antes de terminar de batir agregar el vinagre, no usar zumo de limón porque el ácido acético del vinagre tiene muchas ventajas respecto del ácido cítrico, es un conservante natural, blanquea el glasé y hace que se endurezca y seque rápidamente y no lo opaca como el zumo de limón. Conservar el glasé en un recipiente de cierre hermético, cubierto con film plástico pegado a piel, para que no se seque.

Glasé real (Usando claras de huevo líquidas pasteurizadas)

Ingredientes

240 g aprox. de azúcar impalpable (azúcar glas)

30 g de claras líquidas pasteurizadas

6 gotas de vinagre de manzana o vinagre blanco

Preparación

El procedimiento es el mismo que para hacer el glasé con clara de huevo en polvo, solo que no hay que reconstituir la albúmina.

El glasé real puede permanecer hasta un día a temperatura ambiente o 2 semanas en la nevera. Es normal que al cabo de un par de días forme una capa líquida en la base del recipiente, esto no representa ningún tipo de riesgo si se conserva en la nevera, pero si se deja a temperatura ambiente el líquido formado es propenso a captar bacterias. Al sacarla de la nevera, batir y dejar que tome temperatura ambiente y volver a batir para que recupere su textura original.

La glasé se tiñe con colorantes alimentarios en pasta o en gel.

Glasé fluido

Este glasé se utiliza para rellenar las galletas. A la fórmula de glasé real de escribir se le agrega agua poco a poco con una cucharita para que no se formen demasiadas burbujas, para saber el punto que tiene que tener el glasé fluido, pasar un tenedor por su superficie, si las marcas desaparecen a los 10 segundos esta en su punto, si no desaparecen agregar mas agua y si desaparecen antes de 10 segundos, agregar mas glasé de escribir, porque si queda demasiado líquido pierde brillo y grosor.

El glasé fluido se coloca dentro de un biberón plástico para rellenar las galletas. No se puede guardar, debe usarse inmediatamente porque al cabo de un par de horas el agua se separa y si se usa así producirá un efecto manchado sobre las cookies.

Pico blando (glasé para escribir) al levantar el glasé con la espátula el pico cae.

Pico duro (glasé para usar con boquillas rizadas, de hojas y de flores) al levantarlo con la espátula el pico queda firme

Punto de glasé fluido (glasé para rellenar galletas) al pasar un tenedor sobre su superficie, las huellas del mismo deben desaparecer a los 10 segundos.

Uso de manga pastelera con glasé real

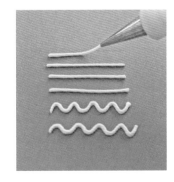

Líneas

Las boquillas que se utilizan para hacer y trazar líneas son las redondas lisas. Colocar la manga en un ángulo de 45° tocando la superficie con la boquilla y presionar, cuando comience a salir el glasé elevar la manga pastelera y tirar la línea en el aire para que salga recta, mantener presión constante para que no se corte la línea. Al terminar, detenerse y soltar la presión cuando la línea aún está en el aire, bajar la manga y apoyar la boquilla sobre la superficie. Las líneas onduladas se hacen de la misma forma con movimientos circulares.

Gotas y perlas

Las boquillas que se utilizan son las redondas lisas, para hacer las gotas y las perlas de tamaño pequeño se utilizan las boquillas Nº 2 ó 3. Para hacer gotas colocar la manga pastelera a 45º tocando la superficie, no levantarla en ningún momento, presionar hasta formar una perla y estirar soltando levemente la presión para que se forme la gota,. La siguiente gota empezar a hacerla 1 mm más adelante de donde terminó la anterior, el glasé tiende a retroceder y si se hacen muy juntas se pierde el efecto de gotas. Se pueden hacer curvadas, haciendo un pequeño giro con la mano. Para hacer corazones hacer una gota, colocar la boquilla tocando la cabeza de la gota y hacer otra en diagonal.

Para hacer perlas, colocar la manga pastelera a 90º respecto de la superficie a 1 mm de la misma, presionar la manga sin moverla hasta que se forme la perla, dejar de presionar y retirar la manga. Quedará un pequeño pico que se puede bajar tocándolo suavemente con un pincel con agua.

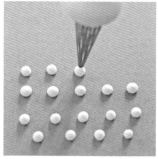

Hojas

Para hacer hojas se necesita una boquilla de hoja. Colocar la manga a 45º tocando la superficie, presionar hasta formar la base de la hoja y estirar soltando presión. Las hojas rizadas se hacen de la misma manera pero avanzando y retrocediendo con la manga.

Como decorar las galletas

Armar una manga pastelera con un adaptador plástico de boquillas, que facilitará el cambio de las mismas sin necesidad de vaciar la manga. Para hacer el contorno de la galleta usar una boquilla redonda Nº 3. Comenzar colocando la manga en un ángulo de 45º, presionar y en cuanto empiece a salir el glasé, tirar la línea en el aire para que salga recta, mantener presión constante para que no se corte. Hacer el contorno de la galleta, se puede cortar la línea si hace falta, girar la galleta y retomar. Al terminar soltar la presión y apoyar la boquilla sobre la galleta. Dejar secar 20 minutos antes de rellenar con el glasé fluido.

Preparar el glasé fluido e introducirlo en un biberón plástico y rellenar la galleta cubriendo un poco el contorno con glasé para que este quede oculto, así la cookie lucirá mejor terminada.

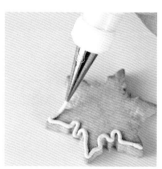

Glasé elástico

La glasé elástico es la utilizada para hacer encajes. Se puede comprar hecha o hacerse de forma casera con esta receta.

Ingredientes

30 g de polvo de merengue

35 g de goma tragacanto o CMC

30 g de azúcar impalpable (azúcar glas)

60 g de maicena

1 cucharada de glucosa líquida

300 ml de agua caliente

Preparación

Mezclar el polvo de merengue, la goma tragacanto, el azúcar impalpable (azúcar glas) y la maicena y tamizar. Diluir la glucosa con el agua caliente e incorporar el líquido poco a poco batiendo hasta que quede una consistencia flexible. Para darle color usar colorantes alimentarios en pasta o gel.

Para usar engrasar ligeramente el molde de encaje y colocar un poco de glasé elástico sobre el tapete, con una espátula scrap extenderlo y retirar el excedente, solo tiene que quedar glasé dentro del molde. Dejar secar un día a temperatura ambiente o secarlo durante 6 minutos en el horno a 100° C. Retirar del molde con suavidad.

Macarons

Para obtener un resultado exitoso la receta debe ser respetada estrictamente en todo su contenido y así también las indicaciones de la preparación.

Ingredientes

300 g de harina de almendra

300 g de azúcar impalpable (azúcar glas)

300 g de clara de huevo

300 g de azúcar

80 g de agua

Preparación

Envejecer las claras de huevo, guardándolas en la nevera durante 2 días dentro de un recipiente sin tapar, para que se deshidraten. Tamizar la harina de almendra y el azúcar impalpable dos veces por separado y pesarlos, no pesarlos y luego tamizarlos porque se pierde almendra en el tamizado. Mezclarlos e incorporar 150 g de claras de huevo, batir hasta formar una pasta.

Hacer un merengue italiano: agregar en una olla 300 g de azúcar y 80 g de agua, remover y llevar al fuego, colocar dentro de la olla el termómetro para caramelo. Cuando el termómetro marque 110º C comenzar a montar los 150 g restantes de clara de huevo a punto de nieve. Cuando el termómetro indique 117º C, retirar el almíbar del fuego y verterlo lentamente dentro de las claras montadas a punto de nieve, no echar el almíbar sobre las varillas de la batidora para que no se endurezca, sino sobre las paredes del bol. Montar el merengue con la batidora eléctrica a velocidad media hasta que se forme un merengue no demasiado duro.

Agregar la mitad del merengue a la pasta de almendras. Si el merengue está caliente arruinará la preparación ya que hará salir el aceite de las almendras. Mezclar con una espátula hasta que esté integrado e incorporar el resto del merengue, mezclando bien. Añadir el colorante en pasta o gel.

Mezclar con una espátula enérgicamente hasta que la pasta tenga una textura suave. Si se mezcla poco, la superficie de los macarons quedará rugosa y con picos y si se mezcla demasiado quedarán planos y se deformarán. Al mezclar hay que ir tocando la pasta y levantarla formando un pico, si el pico queda duro falta mezclar más, si desaparece rápidamente es que la pasta está muy blanda porque se ha mezclado demasiado, el pico tiene que desaparecer lentamente para obtener la consistencia ideal.

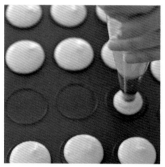

Incorporar la pasta a una manga pastelera con una boquilla Nº 11, cubrir con papel de horno la bandeja, se pueden dibujar círculos de unos 4 cm de diámetro del lado del revés del papel como guía. Con la misma masa hacer 4 puntos en cada esquina de la bandeja para pegar el papel y que no se mueva. Colocar la manga perpendicular a la bandeja y presionar hasta formar una bola, dejar de presionar y retirar la manga. Finalmente golpear la bandeja por debajo con la mano para que desaparezcan las irregularidades. Dejar reposar los macarons durante una hora antes de llevarlos al horno para que formen una piel, esto hará que salgan lisos y con buen pie, no dejarlos reposar más de una hora, ni menos tampoco.

Hornear los macarons a 140 ºC con ventilador durante aproximadamente 15 a 20 minutos. Dejar enfriar completamente y rellenarlos con la crema deseada. Lo ideal es dejarlos en la nevera durante un día y sacarlos media hora antes de consumirlos, se pueden conservar hasta 4 días en la nevera dentro de un recipiente hermético o congelar durante 3 meses.

Glosario

Los nombres de los ingredientes y materiales utilizados en el libro varían en los distintos países.

Lista de términos equivalentes

Albúmina en polvo: clara de huevo deshidratada

Azúcar sprinkle: cristal sugar, sprinkle sugar

Azúcar impalpable: azúcar glas, azúcar lustre, azúcar glasé

Damasco: albaricoque

Fondant: pasta de azúcar, pasta americana, sugar paste

Glasé real: glasé real, royal icing

Polvo para hornear: levadura en polvo

Manteca: mantequilla

Maracuyá: fruta de la pasión

Nevera: heladera

Non pareils: perlitas pequeñas de azúcar

Pasta de goma: pasta de flores, florist paste, gum paste

Pasta de modelar: pasta mexicana, modelling paste

Tapete de goma EVA: flower pad, foam pad, espuma para flores

Tarta: tarta, pastel

Materiales

Los materiales utilizados en este libro se pueden adquirir en los siguientes proveedores:

Cakes Haute Couture - Pasteles de Alta Costura

www.cakeshautecouture.com
España

Prager

Línea de repostería creativa Patricia Arribálzaga by Prager
www.pragerdecoydulces.com
España

Lab-Culinary Stencil - Diseño y fabricación de stencil culinario

www.labstencil.cl - www.facebook/lab.stencil
Chile

Cortantes Cairo

www.cortantescairo.com
Argentina